"一带一路"背景下服务贸易与区域经济发展丛书
主编：韩江水　王利晓　刘俊霞

陕西高校青年创新团队建设项目（陕教2019〔90〕号）资助
西安翻译学院"双一流"建设项目资助
西安翻译学院校级科研团队建设项目（XFU17KYTDA02）资助

"一带一路"背景下中国房地产企业国际化战略研究

黄春丽◎著

RESEARCH ON INTERNATIONALIZATION STRATEGY OF CHINESE REAL ESTATE ENTERPRISES UNDER THE BACKGROUND OF THE BELT AND ROAD INITIATIVE

中国经济出版社
CHINA ECONOMIC PUBLISHING HOUSE
·北京·

图书在版编目（CIP）数据

“一带一路”背景下中国房地产企业国际化战略研究 / 黄春丽著．--北京：中国经济出版社，2020.9（2023.8 重印）

ISBN 978 - 7 - 5136 - 6269 - 7

Ⅰ.①一… Ⅱ.①黄… Ⅲ.①房地产业 - 企业发展 - 研究 - 中国 Ⅳ.①F299.233

中国版本图书馆 CIP 数据核字（2020）第 158069 号

责任编辑　杨元丽
责任印制　巢新强
封面设计　任燕飞工作室

出版发行　中国经济出版社
印 刷 者　北京建宏印刷有限公司
经 销 者　各地新华书店
开　　本　710mm × 1000mm　1/16
印　　张　13
字　　数　185 千字
版　　次　2020 年 9 月第 1 版
印　　次　2023 年 8 月第 2 次
定　　价　69.00 元
广告经营许可证　京西工商广字第 8179 号

中国经济出版社　**网址** www.economyph.com　**社址** 北京市东城区安定门外大街 58 号　**邮编** 100011
本版图书如存在印装质量问题，请与本社销售中心联系调换（联系电话：010 - 57512564）

总　序

丝绸之路是连接亚非欧几大文明的贸易和人文交流通路，也是古代东西方之间政治、经济、文化交流的主要通道，对推动人类文明进步产生了深远影响。西汉的张骞分别于公元前138年和公元前119年两次出使西域，以长安为起点，经甘肃、新疆、葱岭，西行至中亚、南亚、西亚，抵达欧洲，凿通连接欧亚的丝绸之路，在亚欧大陆上形成了横贯东西的交通大动脉，开启了中国古代对外友好关系。千百年来，“和平合作、开放包容、互学互鉴、互利共赢”的丝绸之路精神薪火相传，推进了人类文明进步。“丝绸之路”一词的由来和传播应归功于德国地理学家、地质学家费迪南·冯·李希霍芬（Ferdinand von Richthofen）与德国历史学家阿尔伯特·赫尔曼（Albert Herrmann）。李希霍芬（1877）在《中国——亲身旅行的成果和以之为依据的研究》一书中，首次将中国与河中和印度进行丝绸贸易的西域道路称为丝绸之路。赫尔曼（1910）在《中国与叙利亚间的古代丝绸之路》一书中，主张把丝绸之路的含义“延长到通向遥远西方的叙利亚”。赫尔曼（1915）在《从中国到罗马帝国的丝绸之路》一书中，把丝绸之路作为中国与希腊—罗马社会沟通往来的交通路线的统称。自此，“丝绸之路”一词广为传播并被普遍接受。

由于古丝绸之路对沿线国家文化与经济产生的深远影响，以及丝绸之路沿线国家丰富的自然资源、重要的区位优势和广阔的发展前景，近年来，相关国家纷纷提出了针对丝绸之路相关区域的战略构想。其中，影响较大的有俄罗斯、印度等国的“北南走廊计划”，日本的“丝绸之路外交战略”，欧盟的“新丝绸之路计划”，联合国开发计划署的“丝绸之路区域合作项目”，美国的“新丝绸之路外交计划”，哈萨克斯坦“新丝绸之路项目”和伊朗、印度等国的“新南方丝绸之路”计划等。2013 年 9 月，习近平主席在哈萨克斯坦纳扎尔巴耶夫大学发表演讲，倡议亚欧国家共同建设“丝绸之路经济带”，引起相关国家尤其是中亚各国的积极响应。2013 年 11 月，《中共中央关于全面深化改革若干重大问题的决定》中明确提出推进“丝绸之路经济带”建设，形成“横贯东中西”的对外经济走廊。2013 年 12 月，中央经济工作会议把“不断提高对外开放水平”作为 2014 年经济工作的六大主要任务之一，并再次强调“推进丝绸之路经济带建设，抓紧制定战略规划，加强基础设施互联互通建设”。建设丝绸之路经济带已成为中国经济发展的重要内容。党的十八届三中全会提出，要推进“丝绸之路经济带”“21 世纪海上丝绸之路”建设，形成全方位开放新格局。自此，中国提出了两个符合欧亚大陆经济整合发展的倡议：一是“丝绸之路经济带”，涵盖东南亚和东北亚经济，融合在一起通向欧洲，形成欧亚大陆经济整合大趋势；二是“21 世纪海上丝绸之路”，从海上联通亚非欧三个大洲和“丝绸之路经济带”，形成一个海上、陆地的闭环。两者合称“一带一路”。2016 年 11 月，联合国大会在决议中首次写入“一带一路”倡议。2017 年 10 月 24 日，党的十九大将推进“一带一路”建设等正式写入党章。“一带一路”倡议的主要宗旨是与沿线国家共建“一带一路”，促进经济要素有序自由流动、资源高效配置和市场深度融合，推动沿线各国实现经济政策协调，开展更大范围、更高水平、更深层次的区域合作，共同打造开放、包容、均衡、普惠的区域经济合作架构。“一带一路”既是中国扩大和深化对外开放的需要，也是加强和亚非欧及世界各国互利合作的需要，可以为沿线国家经济发展带来巨大机遇。“一带一路”倡议提出以来，国内外学者广泛关注，研究内容广泛，成果层出不穷。

西安翻译学院作为陕西省“一流学院”建设单位，致力于培养服务区域经济社会发展需要的应用型高级专门人才，高度重视“一带一路”领域的学术研究工作。2014 年，西安翻译学院成立新丝绸之路研究中心，该中心挂靠在商学院（原经济管理学院），围绕“一带一路”领域的重要和现实问题展开了一系列研究。2016 年，学校资助成立了 3 个校级科研团队，分别针对国际产能合作、服务贸易和区域经济一体化发展展开深入研究。经过 5 年的研究，目前已经形成了方向明确、重点突出的一批科研成果，主要包括：“一带一路”背景下中国教育服务贸易研究；“一带一路”背景下陕西省国际产能合作研究；“一带一路”背景下中国老龄服务贸易研究；“一带一路”背景下中国非营利组织参与养老服务的对策研究；“一带一路”背景下顾客资产基本购买价值的计量研究；“一带一路”背景下陕西自贸区金融服务创新发展研究；“一带一路”背景下中国房地产企业国际化战略研究；“一带一路”背景下高管激励组合、技术创新投入对企业绩效影响研究；“一带一路”背景下区域经济一体化进程研究等方面。2019 年，基于 3 个校级科研团队骨干力量整合形成的——“一带一路”倡议下现代服务贸易与陕西门户经济发展研究团队，获批陕西省高校青年创新团队。

本系列丛书主要基于西安翻译学院商学院的学科研究方向，在多次调研、反复论证的基础上确定了“‘一带一路’背景下服务贸易与区域经济发展”的研究内容，主要是 2014 年至今商学院科研团队成员的科研成果。研究人员分别从不同角度对相关内容进行了深入分析，每一本书从选题、构思、资料收集、撰写到最后定稿，都经过多次充实、修改和完善。本系列丛书不仅在理论上有所创新，对实践也有较强的针对性和指导性。

本系列丛书主要由西安翻译学院“一流学院”建设经费、陕西高校青年创新团队和校级科研团队建设经费资助出版。本套丛书的出版，不仅是对作者多年理论研究工作的一种记录，也是对我国“一带一路”建设中关于服务贸易与区域经济发展研究的一份贡献。相信丛书的出版一定会引起相关研究领域学者的关注和更多的思考，使更多的读者从中受益。

韩江水

2019 年 10 月

序　言

2013年，中国国家主席习近平提出建设“一带一路”的重大倡议，得到国际社会高度关注。“一带一路”（The Belt and Road，B&R）是“丝绸之路经济带”和“21世纪海上丝绸之路”的简称。“一带一路”贯穿亚欧非大陆，一头是活跃的东亚经济圈，另一头是发达的欧洲经济圈，中间广大腹地国家经济发展潜力巨大。“一带一路”沿线大多是新兴经济体和发展中国家，“一带一路”是目前世界上最具发展潜力的经济带。建设“一带一路”需要大量的基础设施建设和公共服务配套，也包括大量的产业园区和新型城镇建设。“一带一路”沿线国家处于经济发展的不同阶段，其中很多国家的发展程度低于中国，这些国家在工业园区的开发或投资、高品质办公空间以及城市住房及相关的配套设施等方面都存在着不同层级的潜在发展机遇。同中国越来越贵的土地相比，“一带一路”沿线发展中国家的土地成本比较低，这给中国房地产企业提供了国际化扩张的机会。从中国国内房地产市场来看，近年来，中国国内房地产市场利润率降低、竞争日益激烈、房地产开发企业投资多元化需求明显，许多中国大型房地产企业在境外房地产投资方面已经呈现明显上升趋势。万科、万达、碧桂园、绿地等大型房地产企业已经积极投身于跨国业务，特别是在“一带一路”沿线国家的投资发展。

本书以中国房地产企业为研究对象，从“一带一路”倡议给中国房地产企业带来的发展机遇，“一带一路”背景下中国房地产企业国际化发展的必要性及可行性，中国房地产行业发展现状及竞争格局，中国房地产企业国际化经营的现状、困境及竞争优势，中国房地产企业国际化扩张中的风险管理等层面展开深入研究，构建了中国房地产企业在“一带一路”沿线国家实施国际化战略的创新路径和实现方式。

研究结论：第一，“一带一路”沿线国家房地产市场需求空间大，投资前景广阔。第二，中国房地产企业国际化发展步伐加快，海外市场投资增长迅速，投资模式呈现多样化。北美、欧洲、澳大利亚、东南亚国家是中国房地产企业海外布局的主要目标市场。中国房地产企业海外投资主要集中在土地开发、商业地产和住宅的开发配置。进入海外市场的模式主要包括合资项目模式、与当地企业合资建立新公司进入模式、并购进入模式、独资开发项目的进入模式。第三，中国房地产企业国际化进程呈现出渐进性特点，国际化经营中需要大量高端国际化专业人才。目前大多数中国房地产企业在海外市场的扩张还处于初步进入阶段，少数中国房地产企业在海外市场的扩张已经到达稳步发展阶段。中国房地产企业在国际化经营过程中需要大量高端国际化专业人才。第四，中国房地产企业在进入“一带一路”沿线国家进行跨国经营时，要根据自身实力、当地市场需求和市场竞争情况等来选择合适的国际化战略和相关策略。本书第8章、第9章给出了中国房地产企业在“一带一路”沿线国家进行海外扩张的相关策略建议。主要包括以下方面的建议：海外市场的选择、盈利模式、投资策略、CIS建设、人力资源管理策略、融资方式、品牌建设、国际营销战略及策略等。

本书的创新之处在于：

（1）视角创新。本书的研究将我国房地产企业国际化战略研究与“一带一路”倡议结合起来，响应政府号召，切近我国房地产企业经营战略创新、拓展海外市场的需要。

（2）对我国房地产企业在“一带一路”沿线国家海外扩张的现状进行大样本系统调查，采取网上调查和实地调查结合形式开展数据采集，并在对大样本数据进行分析整理的基础上提出我国房地产企业国际化战略的创新路径及实施对策。

（3）深度解读中国房地产企业在“一带一路”沿线国家进行海外扩张面临的机遇、挑战及竞争优势，在对万科等大型中国房地产企业海外扩张现状分析的基础上，对比分析其成功经验与不足，探寻中国房地产企业在“一带一路”沿线国家进行国际化战略创新的路径选择。

（4）采取营销学、管理学结合的方法，并运用 PEST 分析、波特五力模型图等方法，对中国房地产企业国内外市场竞争的现状进行分析，分析新媒体与企业营销深度融合的技巧，对中国房地产企业在“一带一路”沿线国家进行国际营销战略与策略创新进行了研究。

本书通过实证研究，提出了中国房地产企业在“一带一路”沿线国家实施国际化战略的创新路径和实现方式，为中国房地产企业突破当前在海外扩张中的经营困境、提高其经济效益、增强中国房地产企业在“一带一路”沿线国家的市场竞争力提供帮助。本书适合高校经济管理类专业本科生、研究生和相关专业学位人员研究房地产企业国际化战略问题时使用，也可为中国房地产企业在研究国际化扩张及国际化战略创新问题时提供一定的实践参考。

黄春丽

2020 年 6 月

目　录

第1章　绪　论

第2章　相关概念及理论基础

第3章　国内外研究现状

第4章 “一带一路”背景下房地产企业国际化发展的环境分析

第5章 “一带一路”背景下房地产企业国际化发展的必要性及可行性分析

第6章 我国房地产行业发展现状及竞争格局分析

第7章 中国典型房地产企业国际化发展案例分析——以万科集团为例

第1章 绪 论

1.1 研究背景与意义

1.1.1 研究背景

2013年，中国国家主席习近平提出建设“一带一路”的重大倡议，得到国际社会高度关注。“一带一路”（The Belt and Road，B&R）是“丝绸之路经济带”和“21世纪海上丝绸之路”的简称。“一带一路”贯穿亚欧非大陆，一头是活跃的东亚经济圈，另一头是发达的欧洲经济圈，中间广大腹地国家经济发展潜力巨大。丝绸之路经济带，是在古丝绸之路概念基础上形成的一个新的经济发展区域。丝绸之路经济带重点畅通的路线有：中国经中亚、俄罗斯至欧洲（波罗的海）；中国经中亚、西亚至波斯湾、地中海；中国至东南亚、南亚、印度洋。“丝绸之路经济带”总面积约5000万平方千米，汇集人口约占世界总人口的1/2，被认作是“世界上最长、最具有发展潜力的经济大走廊”。“丝绸之路经济带”是国家层面对外开放、实施欧亚战略合作的经济增长极；是“世界上最长、最具有发展潜力的带状经济大通道”；也是未来国家以西安为起点向西开发、开放的战略要地。“21世纪海上丝绸之路”重点方向是从中国沿海港口过南海到印度洋，延伸至欧洲；从中国沿海港口过南海到南太平洋。麦肯锡咨询公司预测，到2050年，“一带一路”沿线国家和地区将会贡献全球GDP增量的80%左右。加快“一带一路”建设，将有利于促进沿线各国经济繁荣与区域经济合作，加强不同文明交流互鉴，促进世界和平发展。2013年以来，随着基础设施的发展，中国在“一带一路”市场的并购活动显著增加，2017年1月到8月的并购交易达到了330亿美元，比2016年同期增长了136%。涉及的主要行业包括工业、物流、能源和零售。未来的几十年里，无论是基础设施、物流、乡镇还是新城市聚落，“一带一路”沿线的建设规模将十分可观。随着中国与沿线国家建立新型关系，不断开发实体资产，中国企业在“一带一路”沿线国家日益活跃，这也将带来巨大的机遇。

房地产业是我国国民经济支柱产业之一，近十年来始终保持着较快的发展速度。近年来，政府不断出台对楼市的宏观调控政策并对房地产开发贷款加强监管，意在抑制杠杆和房地产泡沫，促进行业良性发展。从整个行业来看，当前我国房地产业正面临流动性不足、盈利水平下降、增长速度放缓等发展困境，亟须转型和创新业务模式。随着“一带一路”倡议的提出，中国房地产企业迎来了转型升级、实现国际化发展的良好契机。“一带一路”建设需要大量的基础设施建设和公共服务配套，也包括大量的产业园区和新型城镇建设。这给房地产企业提供了许多国际化经营的机会。“一带一路”沿线大多是新兴经济体和发展中国家，总人口约占全球人口的60%，经济总量约占全球的40%①。这些国家普遍处于经济发展的上升期，其中很多国家的发展程度低于中国，房地产市场也处于待开发的状态。中国房地产企业开展跨国经营的前景广阔。有专家认为：“一带一路”建设将改变“一带一路”沿线国家和地区现有的房地产估值和需求，特别是当一些地区（如东南亚）还处于人口红利期中，消费潜力巨大，加上“一带一路”对当地产业的升级，这些地区未来房产的升值空间非常大。在此机遇下，越来越多的中国房地产企业已经开展国际化战略，通过跨国经营，创造新的业务模式，优化资产配置结构。但是，房地产商在制定合理的国际营销决策时，一定要正确进行投资分析，理解当地的供需驱动因素，准确进行目标市场定位和目标市场的营销。

---

① 资料来源：中国一带一路网，https：www. yidaiyi/u. gov. cn/。

1.1.2 研究意义

（1）实践意义

本书通过实证研究，提出了中国房地产企业在“一带一路”沿线国家和地区实施国际化战略的创新路径和实现方式，从而为改善和解决我国房地产企业同质化严重、缺少持久竞争力、亟须创新等问题，突破现有房地产企业海外扩张中的发展困境，提高经济效益，为房地产企业在海外市场的拓展提供一定有价值的建议和发展思路。

通过本书的研究，能够清楚了解中国房地产企业国际化经营的基本现状与存在的主要问题；为创新中国房地产企业国际营销、增强中国房地产企业在“一带一路”沿线国家和地区的市场竞争力提供帮助，进而推动我国房地产企业经营业绩的进一步腾飞和房地产企业的发展壮大；同时为房地产企业响应国家号召，为确保国家“一带一路”倡议部署落到实处添砖加瓦。本书的研究对社会经济发展具有重要的作用和意义。

（2）理论意义

第一，本书在国内外学者原有的营销理论基础上，结合大数据和人工智能进一步对品牌营销战略进行深入研究，对智慧营销闭环和现代智慧营销体系进行了具体分析，丰富和发展了市场营销学科中关于品牌营销战略理论的研究。同时将前沿的智慧营销理论应用于现实企业的品牌营销问题中，在实践中检验学术理论的正确性、合理性和适用性，这更有利于市场营销学科的发展。

第二，本书密切联系实际，深入结合了“一带一路”沿线国家和地区政治、经济、社会文化、技术等环境因素，根据房地产企业的经营特点，研究了“一带一路”背景下我国房地产企业如何实现国际战略的创新和重塑，并聚焦新媒体营销的最新工具，就移动营销、社会化营销、搜索引擎营销、虚拟游戏营销、博客营销等重要领域对营销创新展开研究。这对我国房地产企业提高营销管理水平、加速营销创新、改善经营管理具有一定的理论指导作用。

1.2 研究思路与研究框架

本书的研究框架如图 1 – 1 所示。

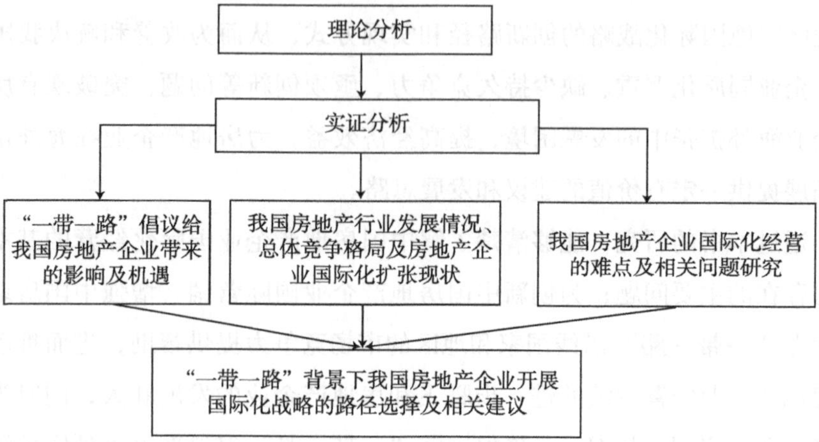

图 1 – 1　本书的研究框架

本书各章节内容分布如下：

第 1 章：绪论。本章主要阐述了研究背景、研究意义、研究思路与研究框架、研究对象与研究方法、研究的创新之处。

第 2 章：相关概念及理论基础。本章对相关概念和理论进行了梳理，对企业国际化、国际化战略、国际市场进入方式、财务分析、财务风险、境外融资这些概念进行了解读和界定。

第 3 章：国内外研究现状。本章主要梳理国内外相关研究，归纳总结了国内外学者关于企业国际化经营动因、企业国际化程度与企业绩效关系、企业国际化阶段、投资环境等方面的理论和文献研究。

第 4 章：“一带一路”背景下房地产企业国际化发展的环境分析。本章从宏观环境、微观环境两个角度分析了“一带一路”沿线国家和地区投资的环境和风险。

第 5 章：“一带一路”背景下房地产企业国际化发展的必要性及可行性分析。本章首先分析了房地产企业国际化发展的必要性。其次从中国房地产企业国际化的优势、劣势、机会、威胁四个角度分析我国房地产企业国际化发展的可行性。最后对我国房地产企业在“一带一路”沿线国家和地区进行国际化发展的必要性及可行性进行总结。

第6章：我国房地产行业发展现状及竞争格局分析。本章首先阐述我国房地产行业特点。其次对我国房地产行业发展现状进行了分析。再次以中国恒大集团、碧桂园控股有限公司、保利房地产（集团）股份有限公司、融创中国控股有限公司、中国海外发展有限公司、绿地控股集团股份有限公司、绿城中国控股有限公司、华夏幸福基业股份有限公司、华润置地有限公司为例，重点分析了我国房地产行业总体竞争格局。最后从中国海外地产投资的阶段性、房地产企业海外扩张总体情况两个角度分析了我国房地产企业海外扩张现状。

第7章：中国典型房地产企业国际化发展案例分析——以万科集团为例。本章以万科集团为例，分析了万科集团经营状况、国际化战略实施情况，并对万科集团近几年的财务状况进行了详细分析。

第8章：“一带一路”背景下中国房地产企业国际化路径选择。本章首先对中国房地产企业国际化路径选择流程提出了建议，其次对房地产企业进入国际市场进行竞争分析的方法、进入国际市场的模式提出了重要的参考建议。

第9章：中国房地产企业国际化战略实施的对策建议。本章基于前述理论与实证部分的分析结果，从经营管理、财务、国际营销三个方面提出了中国房地产企业国际化战略实施的对策建议。

第10章：结论与展望。本章总结全文主要结论，最后指出局限与展望。

1.3 研究对象与方法

1.3.1 研究对象

本书以中国房地产企业为研究对象，从“一带一路”倡议给我国房地产企业带来的发展机遇入手，从“一带一路”沿线国家和地区房地产市场供需情况，中国房地产企业国际化经营的现状、困境及竞争优势，国际化扩张中的风险管理等层面展开研究，构建中国房地产企业在“一带一路”沿线国家和地区实施国际化战略的创新路径和实现方式。

1.3.2 研究方法

本书采取管理学、经济学与统计学相结合，以及以定量为主、以质性为辅的研究方法展开研究。

(1) 数据获得方面。采用文献法、调研法获取数据。文献检索的主要来源有图书资料和国内的中国知网（CNKI）、维普全文网（VIP）、万方数据库（WANFANGDATA）等数据库。调查中以中国房地产企业排行榜中具有典型代表性的企业为调查对象，采用多阶段分层的方式进行网上调查；对我国房地产企业经营现状、存在问题，实施国际化战略的制约因素进行了较大样本的调查。通过调查问卷等方式掌握了大量一手材料、数据，为本书的研究做基础支撑。

(2) 财务分析方面。本书主要运用比较分析法（Comparison Analysis）、趋势分析法（Trend Analysis）、比率分析法（Ratio Analysis）、杜邦分析法（The Du Pont System）等基本财务分析方法和统计学模型，对深圳万科、绿地控股等房地产企业近五年各项经营业绩指标和财务数据指标进行比较分析，剖析这些企业的财务状况。

(3) 实证方面。采用了定性研究、实证分析法和 SWOT 分析法。实证分析中应用最小二乘法（OLS）和线性回归模型，分别对影响房地产企业实施国际化战略的主要因素进行实证分析研究，提出房地产企业实施国际化战略的具体对策。运用 SWOT 分析法从宏观上分析了“一带一路”倡议下房地产企业国际化经营的优势和劣势、面临的机遇和挑战，研究了房地产企业国际化经营存在的突出问题及实施国际化战略的具体对策。

1.4 研究的创新之处

（1）视角创新。本书的研究将我国房地产企业国际化战略研究与“一带一路”倡议结合起来，响应政府号召，切近我国房地产企业经营战略创新、拓展海外市场的需要。

（2）对我国房地产企业在“一带一路”沿线国家和地区海外扩张的现状进行大样本系统调查。采取网上调查和实地调查结合形式开展数据采集，并在对大样本数据进行分析整理的基础上提出我国房地产企业国际化战略的创新路径及实施对策。

（3）对房地产企业国际营销战略与策略创新进行了研究。采取营销学、管理学相结合的方法，并运用 PEST 分析、波特五力模型图等方法，对中国房地产企业国内外市场竞争的现状进行分析，分析新媒体与企业营销深度融合的技巧，多视角分析我国房地产企业在“一带一路”沿线国家和地区进行营销战略创新的路径选择。

第2章 相关概念及理论基础

2.1 房地产市场

房地产市场有广义和狭义两种内涵。广义的房地产市场是房地产全部流通过程中交换关系的总和。也就是说，既包括房地产的买卖、转让、抵押、租赁、互换，也包括房地产的开发、建筑、修缮、装饰等活动，以及由此形成的各种交换关系。狭义的房地产市场可以理解为房地产商品进行交易活动的地方或场所。按照不同的划分标准，房地产市场可以有不同的分类。按具体交易对象分类，房地产市场可分为地产市场、房产市场和房地产金融市场。按流通顺序不同，房地产市场可分为一级房地产市场、二级房地产市场和三级房地产市场。一级房地产市场又称土地交易市场，是土地所有者与使用者之间的交易关系的总和。我国一级房地产市场的参与主体一般是政府和土地使用者。现行国有土地使用权的出让方式主要是拍卖、招标、挂牌和协议出让四种。二级房地产市场是指房地产经营者与房地产使用者的纵向流通市场。三级房地产市场是指房地产所有者将房地产使用权或所有权再转让的市场，是消费者间的横向交易，属于消费市场的重新配置。①

2.2 国际化战略

国际化战略是企业产品与服务在本土之外的发展战略。企业的国际化战略是公司在国际化经营过程中的发展规划，是跨国公司为了把公司的成

① 王珊．房地产营销管理[M]．北京：中国人民大学出版社，2017：5.

长纳入有序轨道，不断增强企业的竞争实力和环境适应性而制定的一系列决策的总称。

企业进入国际市场选择竞争战略时，通常有以下四种国际竞争战略类型：

（1）产品标准化战略

这种战略的实质是开发标准化的产品，将这种标准化的产品在世界范围内以同样的方式进行生产和销售。采用这种战略的理由是充分利用在生产这种产品以及建立一个强大的世界分销网络等方面所存在的规模经济。通过产品标准化，可以大批量地生产同一产品，降低产品的生产成本，从规模经济和经验效益中获益。此外，还可从大量采购、大量的同一化的促销手段中获得规模经济所带来的好处。

（2）广泛产品线国际战略

这种战略旨在行业的所有产品线范围内进行国际化的竞争。在寻求这种战略时，企业可在世界市场的范围内，取得产品差异化或成本领先的战略地位。显然，在寻求广泛产品线国际战略时，也可利用产品标准化战略，即每一产品线上的产品在世界范围内都是同样的。在广泛产品线国际战略中，重要的是应建立一个强大的世界范围内的分销系统。采取这一战略的益处在于，所有产品之间可以共享技术方面的投资以及分销渠道。当然，实施这一战略需要大量资源以及长远的战略眼光。

（3）国际集中化战略

这种战略是企业选取行业中某一特定的细分部分，并在世界范围内以这个特定的部分进行竞争。这个战略的思路是选择行业的特定部分，因此，企业可取得产品差异化的地位或成为最低产品成本的制造商。同样，在国际集中化战略中也可采用产品标准化战略。

（4）国家集中化战略

这种战略是企业为了利用不同国家市场的不同特点，将其经营活动集中于特定的国家市场。在服务于这一特定国家市场的独特需求方面，企业既可以获得产品差别化的地位，又可以成为成本领先者。

2.3 国际市场进入方式

国际市场进入方式是指企业将其产品、技术工艺、管理以及其他资源投入到国外市场的一种规范化部署。企业需要认识到，国际化进入方式是企业有效转移和获取资源、知识的渠道，只有有效管理这些渠道，才有可能获得协同效应进而取得竞争优势。

进入方式的类型主要包括以下几种：

（1）"出口"进入方式

出口是指企业将在本国生产的产品（包括服务与商品）销售到另外一国的过程，包括所有不同方式的跨国界销售。这种方式的优点是初始投入少、灵活性强。缺点是关税与非关税壁垒可能导致出口产品失去与当地产品进行价格竞争的优势；运输成本高；产品到达当地市场的时间过长，难以保持对当地代理商和当地市场需求的监督和探测，对产品在国外市场的市场营销控制较少。具体做法有直接出口和间接出口两种。直接出口是指企业将产品直接出售给外国经销商或进口商，独立完成产品出口业务，直接从事国际市场营销。直接出口既可以在公司内部设立国际业务部，向东道国或地区的中间商出口产品，又可以在东道国设立专门的销售机构或子公司就地销售。间接出口是通过专业外贸公司或出口代理商来进行。①

（2）契约型市场进入方式

契约型市场进入方式是通过与东道国或地区的法人订立长期的合作协议进入该国或地区。具体做法有授权经营、服务合同、建设合同或生产合同。授权经营即企业在规定的时间内将自己的无形资产通过契约转让给东道国法人，以换取授权费和其他经济补偿。服务合同即企业通过服务合同进入国际市场的一种做法，有管理合同、技术咨询服务合同等。建设合同或生产合同主要有交钥匙工程、合同生产等。

① 丁宁．企业战略管理[M]．北京：清华大学出版社，2011：176.

（3）投资型市场进入模式

投资型市场进入模式就是企业将资本连同本企业的管理、销售、财务转移到东道国或地区，建立受本企业控制的分公司或子公司，包括独资经营与合资经营、新建、战略联盟等几种方式，也可以分为直接和间接两种投资方式。直接投资进入是指在目标市场国家直接投资，建立公司或分支公司，从事生产和销售活动，从而进入该目标市场的方式。间接投资是一种以证券为媒介的投资活动。合资经营是指与目标国家的企业联合投资，共同经营，共同分享股权及管理权，共担风险。

2.4　财务分析

财务分析是以会计核算和报表资料及其他相关资料为依据，采用一系列专门的分析技术和方法，对企业等经济组织过去和现在有关筹资活动、投资活动、经营活动、分配活动的盈利能力、营运能力、偿债能力和增长能力状况等进行分析与评价的经济管理活动。财务分析常见的方法包括比较分析法和比率分析法。比较分析法是通过对比两期或连续数期财务报告中的相同指标，确定其增减变动的方向、数额和幅度，来说明企业财务状况或经营成果变动趋势的一种方法。比率分析法是通过计算各种比率指标来确定财务活动变动程度的方法。比率指标的类型主要有构成比率、效率比率和相关比率三类。

2.5　财务风险

企业在筹集资金与使用资金的日常生产经营过程中，产生的各项可能会导致经济利益流出的风险，即财务风险。在资本运转过程中，企业财务风险无处不在。一旦没有关注到财务风险，极大可能会让企业承受盈利下行、资本减少的压力。当然财务风险也能通过一些方法来进行识别、控制与防范，从而帮助企业有效避免风险的影响。

2.6 境外融资

境外融资分为股权融资和债权融资两类。

股权融资是指企业的股东愿意让出部分企业所有权，通过企业增资的方式引进新的股东的融资方式。股权融资所获得的资金，企业无须还本付息，但新老股东同样分享企业的盈利与增长。股权融资用途广泛，既可以充实企业营运资金，也可以用于企业投资活动。境外股权融资即权益类融资，属于资本项下的开支，包括海外上市、配股融资等。境外上市是境外股权融资的主要形式，具体又可分为直接上市、间接上市、借壳上市和分拆上市。

境外债权融资包括银行贷款（如内保外贷、银团贷款）、发行债券（公司债、可转换债、永续债等）。债权融资是企业通过借钱的方式融资，企业需要承担资金利息，并在借款到期后向债权人偿还资金的本金。债权融资的特点决定了其用途主要是解决企业营运资金短缺的问题，而不是用于资本项下的开支。

第3章　国内外研究现状

3.1　国外研究

3.1.1　企业国际化概念的研究

关于企业国际化的概念，国外众多学者进行了不同角度的阐述。国际化的概念由北欧学者Carlson（1974）最先提出，认为企业国际化是循序渐进的过程，是国内企业对国际市场逐渐提高资源承诺的连续过程。Melin（1992）将企业国际化定义为国内企业持续向国外市场渗透的渐进过程，企业国际化进程包含目标市场和进入模式的选择。Root（1998）提出企业国际化是一个企业的产品或服务进入其他国家市场进行销售的行为。Hittetal（1997）认为企业国际化是企业超出国家界限，进入不同的海外市场进行生产经营的行为，分为出口、许可证贸易、特许经营、对外直接投资等多种形式。Zahraetal（2000）根据此定义，从国际化程度和模式两个维度来研究企业国际化。国际化程度表示企业在国外市场资源承诺的投入程度；国际化模式指企业开拓海外市场的方式。Giulio和Moro（2016）认为，企业国际化是一种企业发展战略，当企业准备开拓国际市场时，国际化则被纳入企业的发展战略中。美国麻省理工学院的教授理查德·罗宾逊（1998）在其著作《企业国际化导论》中提出："国际化的过程就是在产品及生产要素流动性逐渐增大的过程中，企业对市场国际化而不是对某一特定的国家市场所做出的反应。"芬兰学者维尔斯和罗斯坦蒂恩（1993）在《国际化着的内外向联系》一书中提出，企业国际化是企业参与国际市场分工的活动。他们认为，这是企业由内向企业发展为跨国公司的过程，包括内向国际化和外向国际化。

3.1.2 企业国际化动因理论及研究

（1）企业国际化动因理论的研究

企业国际化动因理论主要可以分为国际贸易和对外直接投资两大理论体系。以国际贸易理论为基础的企业国际化研究，主要包括绝对优势说、比较优势说、要素禀赋说、产品生命周期论；以跨国公司为研究主体、以国际直接投资理论为基础的企业国际化研究主要有垄断优势理论、内部化理论、国际生产折衷理论等几种理论。

（2）企业国际化动因的研究

Dunning（1998）把企业国际化动因归纳为谋求资源、谋求市场、谋求效率、全球化战略四类。Rugman（2004）认为，企业国际化的主要动因是为了减少国内市场缺陷带来的影响。Czinkota（1992）将企业国际化动因分成三个方面进行研究：环境因素，国内政治环境不稳定、市场趋于饱和、竞争激烈、劳动力等成本较高、国外贸易保护和关税保护政策等原因；市场因素，开拓市场、扩大经济规模；生产因素，获得新技术和知识、获取廉价劳动力等资源。Johanson 和 Mattson（1988）研究表明，企业国际化是为了通过与国外企业建立的关系网络之间的合作和互动，学习市场知识。Barkema 和 Vermeulen（1998）认为，企业成立国外子公司可以促进创新和知识转移，有利于增加企业的长期绩效。Karagozoglu（1998）研究表明，约 1/3 的被调查企业的国际化主要动机是本国市场需求减少，不能满足企业自身的发展、转型和升级需求。Punnett 和 Ricks（1992）将企业国际化动因分为被动和主动两类：第一类，由于国内市场饱和、竞争压力过大促使企业进入海外市场以寻求更大的利润；第二类，企业自身为了获取廉价生产要素、开拓市场而主动开展国际化。

3.1.3　企业国际化阶段研究

（1）企业国际化阶段理论

企业国际化阶段理论，即 Uppsala 模型（U－M 模型），该理论是 Johanson 和 Vahlne（1977）采用案例研究法对四家具有代表性的瑞典制造业企业国际化进行研究后提出的，该研究表明，获取市场知识是企业国际化的主要动因，企业国际化就是通过学习获取知识，逐渐缩短与目标市场的心理距离，进而国际化程度加深的过程，因此，企业国际化进程是循序渐进的，是企业对国外市场逐渐提高承诺的连续的过程。

（2）企业国际化阶段划分研究

学者们从不同角度，对企业国际化阶段进行了划分。联合国贸发会议（UNCTAD）在《1993 年世界投资报告——跨国公司与国际生产一体化》中提出了跨国公司发展的三个阶段理论。Bambeiger 和 Evers（1994）提出了企业国际化的五阶段模型，分别为国内经营阶段、出口阶段、试探性的国际化经营阶段、积极投入的国际化阶段、国际战略阶段。理查德·罗宾逊（2006）主要从组织结构和决策权限两个方面将企业国际化划分为国内企业阶段、出口企业阶段、国际化企业阶段、多国经营企业阶段、跨国经营企业阶段、超国界企业阶段六个阶段。

3.1.4　以发展中国家为研究对象的企业国际化研究

由于发达国家跨国公司无论从数量上还是规模上都是企业国际化活动的主体，企业国际化理论研究的主流也是以跨国公司为研究对象。20 世纪 70 年代中期开始，由于新兴工业化国家的兴起，来自发展中国家的企业跨国界经营活动逐步发展起来，学者逐渐开始关注对发展中国家跨国公司理论的探讨，提出了许多有价值的理论和观点，解释发展中国家企业跨国经营和竞争优势的国际化理论应运而生。研究发展中国家的企业国际化问题的理论有小规模技术理论、技术地方化理论、技术创新产业升级理论等。

3.1.5 投资环境的研究

Litvak 和 Banting（1968）在发表的《国际商业安排的概念框架》一文中最早提出投资环境的概念，投资环境指投资经营者所面对的主客观环境。Stern（2002）指出，“投资环境”就是与投资回报和风险有关的政策、制度和行为环境。Stobaugh（1969）研究了投资环境的评价体系，提出了等级尺度法，将影响投资环境的要素细分为八种，并尤其强调东道国相关投资政策的作用，在此基础上将各种因素的评价得分进行加总，总得分越高，意味着投资环境越好。Wheeler（1992）针对美国投资的 42 个国家和地区的投资环境进行了研究。

3.1.6 企业营销的研究

（1）对营销模式的研究

国外对营销模式的研究最早始于 20 世纪 60 年代，学者对营销模式的研究主要集中在营销模式的概念、类型和创建上。相关研究主要经历了以创新为导向的营销模式、以关系为导向的营销模式（4C 模式）、以竞争为导向的营销模式（4R 模式）三个阶段。他们为企业营销模式的构建明确了框架结构，从而更有利于企业的营销实践。但这些研究大多是理论分析，没有结合具体实际分析实现这些模式的现实性因素。

（2）对网络营销的研究

对于网络营销的研究，国外研究得较早，主要从网络营销概念、相关理论方面进行研究。例如：西奥多·莱维特（1983）提出“全球营销”的思想；唐·舒尔茨（1993）提出整合营销传播的理念；巴巴拉·本德·杰克逊（1985）提出关系营销的概念。这些研究把网络营销的理论研究推进了一步，为产品在网络时代营销起到了定位和指导作用。

（3）对营销战略创新的研究

这方面的研究主要是从创新理论、营销创新的作用及法则等角度做出了比较全面和深刻的分析。例如，国外学者 J. A. Schumpeter（1999）提出了创新理论，他认为经济学上的创新主要是指营销方面，即企业将新营销观念、组织、技术运用于企业的营销管理过程中去。Cathleen Johnson（2002）研究认为，作为企业战略创新的重要部分，营销战略创新是企业能力的表现：它可以削弱企业的竞争对手，为客户创造新价值，为企业创造新财富。营销战略创新包括观念、产品创新，理论、方法创新，为企业提供了新思路。Phillip Kotler（2005）指出，在新的经济环境中，企业需要采用新的营销法则，主要包括发展电子商务，建立客户数据库管理，维护客户利益及注重价值管理，用电子化、无纸化方式建立品牌，与员工、客户、各级供应商和分销商成为战略同盟。

3.2　国内研究

3.2.1　关于企业国际化概念的研究

这方面的研究主要集中在从企业国际化行为构成、企业国际化过程等角度对企业国际化概念进行了剖析。如鲁桐、梁能、金润圭等的研究。鲁桐在《企业的国际化——兼评中国企业的海外经营》（1998）一文中将企业国际化看作是一种空间层面的扩展，认为企业的国际化行为分为外向国际化和内向国际化，企业国际化包含两个方面：企业的“走出去”和企业将资本、技术或管理方式等“引进来”。这些研究多视角、多理论融合地对企业国际化概念进行了比较全面的阐述。

3.2.2　企业国际化动因研究

国内学者们提出企业国际化动因主要包括获取利润、占领海外市场、实现经济规模、获取知识等方面。如鲁桐、邵海峰等的研究。鲁桐（2003）通过问卷调查了温州市已开展国际化的民营企业，发现这些企业国际化的主要动机是占领海外市场。这些研究都为企业国际化的研究作出有效探索，有一定的借鉴性作用。

3.2.3 关于企业国际化阶段研究

国内学者对企业国际化阶段研究进行了深入探索，提出了对国际化阶段划分的不同看法。如穆锦珲、高强、苏敬勤、张琳琳、厉翔等的研究。穆锦珲（1998）根据企业国际化经营规模发展的“倒三角”形态势将企业国际化阶段划分为三个阶段：起步探索阶段（规模小）、开拓联合阶段（中等规模）、全方位发展海外投资阶段（全方位、大规模），该研究中的“经营规模”通过“产品多样化”和“区域分散度”两个因素来衡量。高强（1999）从资源配置这个维度将企业国际化进程划分成三个阶段：第一阶段（市场化），企业作为市场经济的主体，有资格进入海外市场；第二阶段（跨国化），企业开始跨国经营，拓展到海外市场进行资源配置；第三阶段（全球化），企业自身能力提高，为获得利润最大化，开拓全球市场，对全球资源进行合理化配置。厉翔（2010）以投资规模（投资额）和地域范围为依据，将中国企业国际化历程划分为尝试性阶段、形成阶段、强化阶段、高速发展阶段四个阶段。

3.2.4 投资环境的研究

国内学者对投资环境的研究是从20世纪80年代开始的，研究主要集中在针对不同区域以及不同项目差异性分析当地的投资环境、投资环境的综合评价两个方面。如学者王慧炯、张敦富、鲁明泓、张卫国、何伟、刘鑫、黄越、陈双双、佘国强、王洁、权衡、张鹏飞、李宇等的研究。张敦富（1993）明确提出建立投资环境学，推进了该领域的研究。鲁明泓（1994）使用计量手段（因子分析法）评价了中国29个省份45个城市的投资环境，并进行了综合评价。张卫国和何伟（2006）、刘鑫（2014）、黄越（2015）等分别基于地级市、江西和宁夏的数据进行了针对性分析。陈双双（2001）、佘国强和王洁（2011）等分别对房地产、旅游业的投资环境进行了分析。权衡和张鹏飞（2017）对“一带一路”沿线亚洲区域的国家和地区进行了投资环境分析，并进行了排名，但其研究仅限于亚洲地区，并不能体现不同区域的差异性。

3.2.5 关于企业营销的研究

关于企业营销的研究主要集中在营销模式、新媒体营销与网络营销、营销战略创新三个方面。

（1）对企业营销模式的研究。学者们主要从营销模式组成要素、类型等角度进行研究。例如，陈静（2007）认为，营销模式是企业营销活动中具体营销活动形式或营销活动过程，主要包括营销理念、营销组织和营销技术三个要素。同时，还有大量文章提出营销模式类型有哪些。这些研究较为清楚地总结了企业营销模式的构成要素和类型，为研究企业营销模式创新提供了借鉴性的参考。

（2）对新媒体营销、企业网络营销的研究。关于新媒体营销的研究是近几年刚刚开始的研究重点，主要结合微博、论坛等新媒体工具展开研究。例如，亓欣欣（2011）等的研究。企业网络营销的研究主要从网络营销的理论、模式及运作方面展开研究。这些研究都为我国企业营销作出了有效的探索。

（3）对企业营销战略创新的研究。这方面的研究主要从营销战略创新理论、营销战略创新对策方面展开，以个案研究居多。如黄新元的《深圳市驰创电子有限公司营销创新的案例研究》（2012）、王新奇的《锦江之星高新店营销创新研究》（2008）等。这些研究对企业的营销战略创新研究有一定的借鉴性作用。

3.3 研究述评

已有研究基于不同的视角对企业国际化概念、企业国际化动因、企业国际化阶段、投资环境、企业营销进行了探索，在企业国际化经营的动因、企业国际化阶段、投资环境等方面基于不同视角、采用不同的方法、从不同的侧面提出了思路和模式，但在研究内容、深度上尤其是关于房地产企业国际化经营路径问题尚需进一步深入研究：一是研究力量较为分散，研究深度不足；二是研究内容较为分散。对“一带一路”背景下房地产企业国际化发展的有效路径、评价体系的建立研究是目前最值得期待的。

第4章　“一带一路”背景下房地产企业国际化发展的环境分析

“一带一路”倡议的提出，给中国房地产企业带来了转型升级、实现国际化发展的重要机遇。在“一带一路”倡议下，越来越多的中国房地产企业通过“走出去”，创造新的业务模式，优化资产配置结构。当今，房地产企业在国际市场进行置业投资主要有两个投资方向：第一，以保值为目的投向欧美房地产市场；第二，以增值为目的投向新兴市场的房地产市场，例如“一带一路”沿线国家和地区。北京师范大学新兴市场研究院、“一带一路”研究院发布的《“一带一路”沿线国家经济社会发展报告》显示，“一带一路”沿线65个国家和地区综合发展水平排名中，新加坡第1,中国第2，马来西亚、爱沙尼亚和立陶宛分别排在第3、第4、第5，阿富汗排名倒数第1，如表4－1所示。

表4－1　“一带一路”沿线国家和地区的分布情况

所属地区或类别	国家和地区
东亚	蒙古
东盟	新加坡、泰国、越南、马来西亚、印度尼西亚、菲律宾、缅甸、柬埔寨、文莱、老挝
西亚	伊朗、伊拉克、土耳其、叙利亚、约旦、黎巴嫩、以色列、巴勒斯坦、沙特阿拉伯、也门、阿曼、阿联酋、卡塔尔、科威特、巴林、希腊、塞浦路斯、埃及的西奈半岛
南亚	印度、巴基斯坦、孟加拉国、阿富汗、斯里兰卡、马尔代夫、尼泊尔、不丹
中亚	哈萨克斯坦、乌兹别克斯坦、土库曼斯坦、塔吉克斯坦、吉尔吉斯斯坦

续表

所属地区或类别	国家和地区
独联体	俄罗斯、乌克兰、白俄罗斯、格鲁吉亚、阿塞拜疆、亚美尼亚、摩尔多瓦
中东欧	波兰、立陶宛、爱沙尼亚、拉脱维亚、捷克、斯洛伐克、匈牙利、斯洛文尼亚、克罗地亚、波黑、黑山、塞尔维亚、阿尔巴尼亚、罗马尼亚、保加利亚、北马其顿

4.1　宏观环境分析

4.1.1　政治法律环境

随着中国城镇化增长速度趋缓以及近年来大规模的住房建设，国内房地产市场已经从住房严重短缺走向供求相对平衡。对于中国房地产企业来说，优化资产布局、加快国际化步伐、整合全球资源是必然的战略要求。东道国政治环境是影响对外直接投资的重要因素之一。

从国内政治环境来看，党的十八大以后，党中央明确了“一带一路”建设、京津冀协同发展、长江经济带发展三大发展战略。2014年，中共中央、国务院印发《丝绸之路经济带和21世纪海上丝绸之路建设战略规划》，2015年，中国国家发展改革委、外交部、商务部联合发布了《推动共建丝绸之路经济带和21世纪海上丝绸之路的愿景与行动》。中国共产党第十九次全国代表大会将推进“一带一路”的建设等内容正式写入《中国共产党章程》。在“一带一路”沿线国家和地区进行海外扩张意义重大。“一带一路”倡议提出后的5年里，中国在东南亚交通、房地产、物流等领域累计投资592.5亿美元，是“一带一路”提出前5年内投资（171亿美元）的近3.5倍。

从国际政治环境来看，共建“一带一路”及其核心理念被纳入联合国、二十国集团、亚太经合组织、上合组织等重要国际机制成果文件。政治风险是房地产企业选择是否在当地扩张的重要考虑因素之一。政治风险一般包括：东道国政府为行使一国主权而制定外交、安全政策；不可预估的政治事件如局部战争、政府更迭、宗教冲突等对跨国经济行为产生的影响；东道国突然对某个国家、某个行业在某个时间段内作出的政策限制；征收风险等。征收风险是指东道国政府在管理本国的过程中采用没收、征用等多种手段，对中国“走出去”的企业财产实行有效的占有。

在基础设施投资方面，普遍面临着较大的种族宗教冲突、环境规制、资本、人员与劳动力管制及政府稳定等方面的风险。因此，房地产企业在进行海外扩张时，要慎重选择市场进入区域，应选择与我国国际关系良好的国家和地区。国家信息中心大数据分析显示，中国与60%的“一带一路”沿线国家和地区保持了战略伙伴及以上的关系级别，特别是与俄罗斯、巴基斯坦、柬埔寨、韩国、老挝，在政策沟通上保持了“紧密合作”。

国家信息中心大数据发展部研究结果显示，东欧地区政治环境总体稳定，中亚地区政权稳定性较弱，西亚和南亚国家恐怖袭击时有发生，社会稳定性总体偏低，这两个地区部分国家恐怖主义隐患未得到有效遏制。美国体系和平研究中心发布的《2017年全球报告：冲突、治理和国家脆弱状态》显示，吉尔吉斯斯坦在“政治有效性”和“政治合法性”方面为“高脆弱性”，哈萨克斯坦为“中度脆弱性”。

下文对“一带一路”沿线国家和地区的政治法律情况进行详细分析。在本章涉及的“一带一路”沿线国家和地区政治法律环境因素平均值的表格中，所有的指标均采用百分制，数值越大，表示该项指标显示的状况越好。

（1）东亚地区（1国）

蒙古：政治结构为三权分立、半总统制、多党制民主。蒙古国内政治的稳定性和连续性较差。蒙古实行一院制，每逢政府换届，都要对上届政府未实施的议案进行重新审议，这给外国投资者带来了较大的政策风险。

根据《全球治理指数》和《全球清廉指数》公布的数据，2014—2016年蒙古政治法律环境因素平均值为：政府稳定性73.33，规管指数52.40，法治指数46.63，清廉指数38。总体来看，东亚地区国家的政府稳定性较好。

（2）东盟（10国）

新加坡：新加坡实行议会共和制。国会成员包括民选议员、非选区议员和由总统委任的官委议员。大部分国会成员通过简单多数制选举产生。国会大选每5年举行一次。国会多数党党魁经总统任命，当选为总理，总理从民选议员中选拔成员共同组成内阁，内阁负责新加坡所有政府政策和国家行政管理事务。现任新加坡总理李显龙（Lee Hsien Loong）于2004年开始担任总理。总统是国家元首，通过普选产生，2011年，陈庆炎（Dr Tony Tan）通过大选当选为总统，总统任期6年，对一系列具体的行政决定具有否决权，例如，总统有权否决政府动用国家储备金及否决法官任命。新加坡政治社会稳定①。

泰国：泰国社会总体较为稳定，政策透明度较高②。中泰政治关系自1975年7月1日正式建交以来整体上保持着友好往来。安全方面，泰国面临恐怖主义和国内分裂势力的困扰。

越南：越南坚持共产党领导，坚持社会主义制度，国内政局保持稳定③。国会是国家最高权力机关，任期5年，通常每年举行两次例会。现任国会主席阮氏金银（Nguyen Thi Kim Ngan），2016年3月当选。越南共产党是唯一政党，1930年2月3日成立，现有党员450多万人，同世界上180多个政党建有党际关系。2015年，越南积极开展对外交往，同美国关系发展迅速，同欧盟合作扩大，同日本、俄罗斯等本地区大国关系良好，同东盟成员国的合作加强，多边外交活跃。越南已与180个国家建交，并同20个国际组织及480多个非政府组织建立合作关系。

马来西亚：马来西亚实行多党制，由几个政党联合组成政党联盟执政，现有40多个政党，分为执政党联盟（希望联盟）和反对党联盟（国民阵线）。虽然马来西亚政局总体平稳发展，但政治斗争不断加剧。马来

① 资料来源：商务部《对外投资合作国别（地区）指南》，http://fec.mofcom.gov.cn。
② 资料来源：商务部《对外投资合作国别（地区）指南》，http://fec.mofcom.gov.cn。
③ 资料来源：商务部《对外投资合作国别（地区）指南》，http://fec.mofcom.gov.cn。

西亚的政治风险较低，潜在的政治风险主要包括逐渐激烈的党派之争、美国对马来西亚的影响、与邻国的领土争端等。在马来西亚，普通法和伊斯兰法并行不悖。普通法体系健全，覆盖社会经济的各个方面，伊斯兰教法发挥作用较小，仅适用于穆斯林。马来西亚财政拨款项目一般交由当地土著承包商负责，不允许外国工程公司单独担任总承包商，外国公司只能从当地公司中分包工程。在土地使用方面，"马来人保留地法"将土地总面积的约1/4划为"马来人保留地"，并规定除非获得州政府批准，否则不能出售、出租或抵押给非马来人。禁止外资购置的产业为价值50万马来西亚林吉特以下的产业；州政府划分的中/低成本住宅；"马来人保留地"上的产业；州政府分给土著企业开发项目的产业。在劳工政策上，目前，马来西亚政府只允许从印度尼西亚、柬埔寨、尼泊尔等14个国家引进普通劳务，未对中国全面开放普通劳务市场，只允许在特定条件下引进少量中国的技术工人，颁发的工作准证也特别注明务工种类和雇主名称，依合法手续进入马来西亚的劳工如从事不同工作或为不同雇主工作一律视为非法劳工。

印度尼西亚：印度尼西亚实行多党制。1975年颁布的政党法只允许三个政党存在，即专业集团党、印度尼西亚民主党、建设团结党，1998年5月解除党禁，2019年大选中，民主斗争党成为国会第一大党①。印度尼西亚民主斗争党成立于1998年10月，由原印度尼西亚民主党分裂出来的人士组成，系民族主义政党，乃是印度尼西亚世俗政治力量的代表，强调反对宗教歧视和种族歧视，弘扬民族精神和爱国主义精神。在2014年的大选中，以印度尼西亚现总统佐科·维多多为代表的民主斗争党，作为当时国会第一大反对党，以53%的得票率成功当选为新一届执政党，赢得大选胜利。进入21世纪后，中国与印度尼西亚关系的发展空前迅速。

由于国际形势以及印度尼西亚内政的多重作用，其政治风险主要体现在以下三个方面：第一，印度尼西亚政策的不稳定性以及较为严重的腐败

① 资料来源：外交部官方网站，www. fmprc. gov. cn。

现象；第二，印度尼西亚国内的民族主义情绪可能引发的排华事件；第三，可能滋生的恐怖主义威胁。

菲律宾：菲律宾实行总统制，总统是国家元首、政府首脑兼武装部队总司令。菲律宾政局总体稳定，有大小政党100余个，大多数为地方性小党。该国主要政党和团体有：自由党（Liberal Party）、基督教穆斯林民主力量党（LAKAS－CMD）、民族主义人民联盟（Nationalist People's Coalition，NPC）、摩洛民族解放阵线（Moro National Liberation Front，简称“摩解”）、摩洛伊斯兰解放阵线（Moro Islamic Liberation Front，简称“摩伊解”）、菲律宾共产党（Communist Party of the Philippines）；其他政党有民主人民力量党（PDP－LABAN）、民主行动党（Aksyon Demokratiko）、地方发展优先党（Promdi－Probinsiya Muna Development Lnitiative）、改革党（Reporma）、民主战斗党（Lanban ng Demokratikong Pilipino，LDP）、民族党（Nationalista Party）等①。

缅甸：缅甸政局总体保持稳定。缅甸是一个总统制的联邦制国家，实行多党民主制度，总统既是国家元首，也是政府首脑。缅甸联邦议会实行两院制，由人民院和民族院组成，议会选举制度是当前缅甸政治的基本制度。缅甸的法律有待完善，政策稳定性不足，会给投资者带来许多不确定性。②

柬埔寨：柬埔寨为君主立宪制国家。柬埔寨政府分为行政、立法和司法3个部门。柬埔寨国会是柬埔寨国家最高权力机构和立法机构，每届任期5年，下设10个专门委员会③。其宪法确立了柬埔寨采用自由、多党民主和市场经济原则。柬埔寨于1995年加入联合国，1999年加入东南亚国家联盟，2004年成为世界贸易组织的成员。2016年10月，中国与柬埔寨签署了31项协定和议定书，包括两国之间拟订“一带一路”相关项目的谅解备忘录、海上合作谅解备忘录、柬埔寨450兆瓦煤电厂的协议、柬埔寨公路项目和电网建设施工贷款优惠特许协议。

---

① 资料来源：外交部官方网站，www. fmprc. gov. cn。

② 资料来源：商务部《对外投资合作国别（地区）指南》，http://fec. mofcom. gov. cn。

③ 资料来源：外交部官方网站，www. fmprc. gov. cn。

柬埔寨发展理事会（COUNCIL FOR THE DEVELOPMEN TOF CAMBODIA，CDC）是柬埔寨公共和私人领域投资寻求投资激励的主要决策机构。柬埔寨发展理事会由首相担任理事会主席，并由各政府机构的高级部长组成，旨在为柬埔寨的国外和本国投资者提供一站式服务。这种一站式服务通过评估和监督柬埔寨的任何合格投资项目（QIP）以及任何经济特区（SEZ）的所有的申请及其合规性实现。如果投资者想要建立一个普通企业，即不从事受管控领域或不获得投资激励，投资者无须柬埔寨发展理事会批准，而是通过商务部（MOC）开始建立相关业务活动的程序。柬埔寨24个省包括首都金边都设有投资小组委员会，每个投资小组委员会主席都由该区域首长担任。投资小组委员会有权限注册投资资本低于200万美元的合格投资项目（QIP），然而，为了充分从合格投资项目盈利，该项目应向柬埔寨发展理事会而不是向投资小组委员会申请。因此，在实际操作中，通常建议向柬埔寨发展理事会而不是投资小组委员会提出申请。

从法律环境来看，1994年通过并于2003年修订的《投资法》是促进和管制柬埔寨投资的主要法律。该法创造了非常开放的投资环境，对外国投资的限制很少。《投资法》通过两个主要途径实现投资激励：合格投资项目和经济特区。合格投资项目是一种在柬埔寨发展理事会注册的投资项目，因此有权享受《投资法》规定的投资激励和优惠。《投资法》下的具体保证包括任何合格投资项目不会被国有化，也不会受到对所提供商品或服务的价格管控。合格投资项目的投资者也可以自由汇出外汇。合格投资项目分为三类。第一类，国内合格投资项目不以出口为目标，而着眼于当地消费。该项目可以为其非出口产品进口免税的建筑材料和生产设备。第二类，出口合格投资项目，至少部分产品用于出口。该项目可以进口与出口产品相关的免税的建筑材料、生产设备和进行其他生产性进口。第三类，扶持产业合格投资项目将其100%的产品提供给出口合格投资项目，以代替该项目定期进口原材料或配件。除进出口关税豁免外，合格投资项目还将获得税收利润奖励税，包括免交至少3年的利润税。此外，这些项目中作为管理人员、技术员和技术工人的外国雇员还可获得签证和工作许可。经济特区的目的是将工业和相关活动集中在一个区域，每个经济特区应设有一个生产区，可设有自由贸易区、服务区、住宅区和旅游区。经济特区可包括一般工业活动或出口加工活动。每个经济特区的最终登记证书对其激励措施进行描述，投资激励措施须为区域开发商和区域投资者提供。区域开发商是开发经济特区包括开发其实体基础设施的自然人或法人。区域投资者是在经济特区运营、从事投资活动的自然人或法人。类似于经济特区外的合格投资项目，经济特区可以免除建筑材料、生产设备和其他生产性进口的关税，也可以为区域投资者提供利润税和增值税税收激励。

文莱：文莱是东盟重要成员国，政治稳定。文莱实行“马来、伊斯兰和君主制”（MIB）三位一体的政治制度①。最高君主称苏丹（系阿拉伯语），集军事、财政、立法大权于一身。文莱设立法院、内阁、宗教委员会、继承与册封委员会等国家机构，协助苏丹管理国家。文莱对外奉行独立、自主的和平外交，通过加入联合国、东盟、APEC、伊斯兰会议等国际组织并积极参与相关进程谋求国际影响力，重视与中、美、日等大国的关系。中国提出与东盟国家共建“21世纪海上丝绸之路”，得到了文莱的积极配合。中文两国于1991年9月30日正式建交，政治互信度较高。文莱政教合一，伊斯兰教是其国教，但人民有宗教信仰自由，国内设有专门审理穆斯林案件的伊斯兰教法院，推行伊斯兰刑事法，但仅适用于穆斯林群众。

老挝：老挝政治稳定②，是东南亚国家联盟和世界贸易组织的成员。在国家机构的设置上，其设有国会、国家主席、国务院、人民法院和人民检察院等机构。老挝实行一党制，老挝人民革命党（前身是印度支那共产党老挝支部）是执政党，也是全国唯一的政党。老挝和中国于1961年4月25日建交，双方致力于更深层次的经贸往来。老挝司法机关由人民法院和人民检察院构成，前者行使审判权，后者行使检查权，主管外商投资的法

---

① 资料来源：商务部《对外投资合作国别（地区）指南》，http://fec.mofcom.gov.cn。

② 资料来源：商务部《对外投资合作国别（地区）指南》，http://fec.mofcom.gov.cn。

律是《投资促进法》和《投资促进法实施条例》。《投资促进法》规定了三种基本的投资形式：外国投资者和老挝国内投资者设立合资企业；设立外商独资企业或国内独资企业；契约型商务合作。合资企业和外商独资企业是外资在老挝投资最常采用的形式，两者都需设立新的法律实体。合资企业的协议可由外国投资者和老挝本地投资者协商或公共部门协商制定，但外国投资者的企业注册资本最低应为企业注册资本的10%。

表4－2　2014—2016年“一带一路”沿线东盟10国政治法律环境因素平均值

国别	政府稳定性	规管指数	法治指数	清廉指数
新加坡	99.92	100.00	96.15	84
泰国	15.71	60.10	55.29	35
越南	51.43	35.10	57.21	33
马来西亚	50.00	75.48	71.15	49
印度尼西亚	33.33	50.00	38.94	37
菲律宾	10.00	53.85	36.54	35
缅甸	23.33	18.75	16.83	28
柬埔寨	52.83	34.13	12.5	—
文莱	93.81	71.15	73.08	—
老挝	62.83	24.52	24.04	30

资料来源：《全球治理指数》和《全球清廉指数》。

从表4－2中的数据来看，新加坡的政府稳定性最高，该国政治法律整体情况都处于较优的状态，文莱的政府稳定性、规管指数、法治指数都较高，老挝、越南、马来西亚、柬埔寨的政府稳定性较好。在这些政治稳定性较高的国家进行投资的风险相对较低。

（3）西亚地区（18国/地区）

表4－3　2014—2016年“一带一路”沿线西亚地区国家政治法律环境因素平均值

国别	政府稳定性	规管指数	法治指数	清廉指数
伊朗	20.48	9.13	25.96	29
伊拉克	3.33	11.06	2.40	17
土耳其	5.71	61.06	48.56	41

续表

国别	政府稳定性	规管指数	法治指数	清廉指数
叙利亚	0.00	3.85	0.96	13
约旦	26.67	54.33	62.02	48
黎巴嫩	8.10	40.87	18.75	28
以色列	18.57	87.50	81.25	64
巴勒斯坦	1.43	27.40	20.19	32
沙特阿拉伯	28.57	55.77	69.79	46
也门	0.48	5.29	4.81	14
阿曼	71.90	82.60	65.38	45
阿联酋	60.95	80.29	79.81	66
卡塔尔	76.19	74.04	79.33	61
科威特	41.43	52.88	56.73	41
巴林	18.10	72.12	66.35	43
希腊	41.90	59.13	59.13	44
塞浦路斯	65.71	82.69	75.48	55

资料来源：《全球治理指数》和《全球清廉指数》。

由表4-3中可见，卡塔尔、阿曼、塞浦路斯、阿联酋的政府稳定性较高，以色列、塞浦路斯、阿曼、阿联酋的政策连续性较好。从法律完备性来看，以色列、阿联酋、卡塔尔、塞浦路斯的法治指数较高。

（4）南亚地区（8国）

“一带一路”沿线南亚地区的国家有：印度、巴基斯坦、孟加拉国、阿富汗、斯里兰卡、马尔代夫、尼泊尔和不丹。

表4-4 2014—2016年“一带一路”沿线南亚地区国家政治法律环境因素平均值

国别	政府稳定性	规管指数	法治指数	清廉指数
印度	14.29	41.35	52.4	40
巴基斯坦	1.43	27.40	20.19	32
孟加拉国	10.48	22.12	30.77	26
阿富汗	0.95	7.21	3.85	15
斯里兰卡	49.52	51.44	54.33	36
马尔代夫	60.00	34.62	36.06	36

续表

国别	政府稳定性	规管指数	法治指数	清廉指数
尼泊尔	19.05	23.56	19.71	—
不丹	82.86	26.92	68.27	65

资料来源：《全球治理指数》和《全球清廉指数》。

由表4-4中可见，不丹、马尔代夫的政府稳定性相对较好，斯里兰卡、印度的规管指数相对较高，不丹的政府稳定性以及法律完备程度较高。

（5）中亚地区（5国）

表4-5 2014—2016年“一带一路”沿线中亚地区国家政治法律环境因素平均值

国别	政府稳定性	规管指数	法治指数	清廉指数
哈萨克斯坦	47.62	51.92	34.62	29
乌兹别克斯坦	34.29	4.33	11.06	21
土库曼斯坦	34.76	1.92	5.29	22
塔吉克斯坦	19.52	12.02	10.58	25
吉尔吉斯斯坦	22.86	40.38	12.98	28

资料来源：《全球治理指数》和《全球清廉指数》。

由表4-5中可见，中亚5国的政治和安全环境较差。中亚地区政治局势复杂，大国力量的角逐、宗教极端主义、民族矛盾等因素均对稳定和安全产生直接影响，但中亚5国情况又各自不同。

（6）独联体（7国）

“一带一路”沿线国家中，有独联体7国，分别是：俄罗斯、乌克兰、白俄罗斯、格鲁吉亚、阿塞拜疆、亚美尼亚和摩尔多瓦。

表4-6 2014—2016年“一带一路”沿线独联体国家政治法律环境因素平均值

国别	政府稳定性	规管指数	法治指数	清廉指数
俄罗斯	16.67	37.02	21.15	29
乌克兰	6.19	36.06	23.56	29
白俄罗斯	50.48	16.35	22.12	40
格鲁吉亚	35.24	81.25	63.94	57
阿塞拜疆	17.62	43.75	31.73	30

续表

国别	政府稳定性	规管指数	法治指数	清廉指数
亚美尼亚	24.76	62.98	50.48	33
摩尔多瓦	36.19	50.48	32.21	30

资料来源：《全球治理指数》和《全球清廉指数》。

2019年9月，国际评级机构穆迪发布报告称，近年来，独联体国家推进改革取得显著进步，国家机构效率均有不同程度的提高，但与收入水平相当的其他发展中地区相比，独联体国家制度环境依然脆弱。由表4-6中可见，独联体国家大多数法治指数低、腐败盛行。

（7）中东欧（16国）

中东欧在“一带一路”沿线有16个国家，分别是：波兰、立陶宛、爱沙尼亚、拉脱维亚、捷克、斯洛伐克、匈牙利、斯洛文尼亚、克罗地亚、波黑、黑山、塞尔维亚、阿尔巴尼亚、罗马尼亚、保加利亚和北马其顿。表4-7为2014—2016年“一带一路”沿线中东欧16国政治法律环境因素平均值。

表4-7　2014—2016年“一带一路”沿线中东欧16国政治法律环境因素平均值

国别	政府稳定性	规管指数	法治指数	清廉指数
波兰	63.33	79.81	74.52	62
立陶宛	71.43	84.62	81.73	59
爱沙尼亚	68.57	93.27	86.54	70
拉脱维亚	59.52	83.65	80.29	57
捷克	83.33	80.77	84.13	55
斯洛伐克	66.67	78.85	75.00	51
匈牙利	69.05	71.63	70.19	—
斯洛文尼亚	93.81	73.08	82.69	61
克罗地亚	68.10	65.87	65.87	49
波黑	32.86	48.56	43.75	—
黑山	50.95	62.50	53.37	45
塞尔维亚	48.10	54.81	50.00	42
阿尔巴尼亚	55.24	60.58	39.42	39

续表

国别	政府稳定性	规管指数	法治指数	清廉指数
罗马尼亚	55.71	70.67	61.54	48
保加利亚	47.14	73.56	53.85	41
北马其顿	32.38	68.27	41.83	37

资料来源：《全球治理指数》和《全球清廉指数》。

由表4－7中可见，中东欧的政府稳定性、法治指数较高。

表4－8 “一带一路”沿线国家政治法律环境区域对比

区域	政府稳定性	规管指数	法治指数	清廉指数
东亚	73.33	52.40	46.63	38.00
西亚	29.24	49.44	48.96	40.53
南亚	29.82	29.33	35.70	35.71
中亚	31.81	22.11	14.91	25.00
东盟	29.82	52.31	48.17	41.38
独联体	26.74	46.84	35.03	35.42
中东欧	59.76	71.91	65.30	51.14

资料来源：《全球治理指数》和《全球清廉指数》。

从表4－8中的数据分析来看，东亚地区政府稳定性高，中东欧的政府稳定性、法治指数较高，“一带一路”沿线国家都显示有较高程度的政府腐败。

4.1.2 经济环境

“一带一路”沿线国家大多是新兴经济体和发展中国家，经济结构单一，2015年，“一带一路”沿线国家和地区的经济总量达到30万亿美元，约占全球经济总量的40%。经济平均增速3.7%，高于全球3.0%的平均增长水平。从经济总量来看，GDP超过1万亿美元的国家有5个，分别为中国、日本、印度、俄罗斯、韩国，其中，中国经济总量为11万亿美元，位居第一，为经济总量最小国家不丹的5800倍，约占“一带一路”沿线国家和地区经济总量的40%；GDP在5000亿到1万亿美元的国家有4个，分别是印度尼西亚、土耳其、沙特阿拉伯、波兰；GDP在1000亿到5000亿美元的国家有19个；GDP在100亿到1000亿美元的国家有30个；低于

100 亿美元的国家有 8 个，分别为塔吉克斯坦、蒙古、吉尔吉斯斯坦、摩尔多瓦、巴勒斯坦、黑山、马尔代夫、不丹，其中经济规模最小的国家为不丹，GDP 为 19 亿美元。2016 年中国与“一带一路”沿线国家贸易总额约为 9535.9 亿美元，其占中国对外贸易总额的比重达 25.7%，较 2015 年上升了 0.4 个百分点。民营企业对“一带一路”沿线国家出口额占比始终保持最高且逐年上升，由 2011 年的 46.6% 上升至 2016 年的 58.9%；外商投资企业、国有企业在“一带一路”沿线国家出口总额中的占比均呈逐年下降的趋势，外资企业由 35.4% 下降至 27.8%，国有企业由 17.9% 下降至 13.1%。国家统计局发布数据显示，2019 年全年，中国对“一带一路”沿线国家进出口增势良好，对“一带一路”沿线国家合计进出口增长 10.8%。新的投资机遇在“一带一路”沿线市场中不断涌现，基础设施、多边贸易关系的改善，创造了更多的投资机会。东南亚是中国最大的出口目的地和最大的进口来源地，其中，越南成为我国在“一带一路”沿线国家中最大的贸易伙伴。

下面我们将对“一带一路”沿线 65 个国家和地区的经济情况进行详细的分析。

（1）东亚地区（1 国）

蒙古：蒙古经济以畜牧业和采矿业为主，1997 年 1 月加入世界贸易组织。蒙古主要出口产品为矿产品、纺织品和畜产品等；主要进口产品有矿产品、机器设备、食品等。其 GDP（2013 年）总计 125.45 亿美元；人均 GDP 为 4418 美元。2014 年 9 月，习近平主席提出建立中俄蒙三国经济走廊。

（2）东盟（10 国）

表 4－9 2013—2015 年“一带一路”沿线东盟 10 国通货膨胀率

（%）

国别	2013 年	2014 年	2015 年
新加坡	2.378	1.010	－0.500
泰国	2.184	1.890	－0.895
越南	6.592	4.086	0.879

续表

国别	2013 年	2014 年	2015 年
马来西亚	2.097	3.175	2.081
印度尼西亚	6.413	6.395	6.363
菲律宾	2.998	4.104	1.434
缅甸	5.524	5.474	10.803
柬埔寨	2.943	3.855	1.221
文莱	0.383	-0.194	-0.424
老挝	6.365	4.135	1.276

资料来源：世界银行数据库。

2013—2015“一带一路”沿线东盟10国通货膨胀率如表4-9所示。

新加坡：新加坡属外贸驱动型经济，以电子、石油化工、金融、航运、服务业为主。其GDP（2014年）总计3080.5亿美元；人均GDP为56319美元。

泰国：泰国是一个新兴工业化国家。泰国主要出口产品为汽车及零配件、电脑及零配件、集成电路板、电器、初级塑料、化学制品、石化产品、珠宝首饰、成衣、鞋、橡胶、家具、加工海产品及罐头、大米、木薯等。泰国主要进口产品为机电产品及零配件、工业机械、电子产品零配件、汽车零配件、建筑材料、原油、造纸机械、钢铁、集成电路板、化工产品、电脑设备及零配件、家用电器、珠宝金饰、金属制品、饲料、水果及蔬菜等。其GDP（2013年）总计3872.16亿美元；人均GDP为5673美元。

越南：越南为发展中国家。越南主要出口商品有9种，分别为煤炭、橡胶、纺织品、石油、水产品、鞋类、大米、木材及木制品、咖啡。越南主要进口商品为摩托车、机械设备及零件、纺织原料、成品油、钢材、皮革。其GDP（2013年）总计1705.65亿美元；人均GDP为1901美元。

马来西亚：马来西亚是一个农业与自然资源出口国，石油为其主要出口产品。马来西亚是世界上最大的棕榈油生产商和磁盘驱动器生产国，胶乳和橡胶工业都是其经济强项。马来西亚主要进口机械运输设备、食品、烟草和燃料等。其GDP（2013年）总计3400.02亿美元；人均GDP为11122美元。

印度尼西亚：印度尼西亚是东南亚国家联盟创立国之一，是东南亚最大经济体及二十国集团成员国。其石油、天然气和锡的储量在世界上占有重要地位，铀、镍、铜、铬、铝矾土等的储量也很丰富。外贸在印度尼西亚国民经济中占有重要地位，政府采取一系列措施鼓励和推动非油气产品出口，简化出口手续，降低关税。其GDP（2013年）总计9104.79亿美元；人均GDP为3500美元。“一带一路”倡议对印度尼西亚而言，可以为其带来大量需要的基础设施投资、低利率融资和高科技。根据印度尼西亚投资协调委员会公布的数据，2016年第一季度，该国来自中国的实际投资已达4.64亿美元，创造了10167个工作岗位，使中国位列印度尼西亚外国直接投资来源国的前五名。

菲律宾：菲律宾实行出口导向型经济模式，第三产业在国民经济中地位突出，农业和制造业也占相当比重。其GDP（2013年）总计2720.17亿美元；人均GDP为2794美元。

缅甸：中缅经贸合作取得长足发展，合作领域从原来单纯的贸易和经援扩展到工程承包、投资和多边合作。我国对缅主要出口成套设备和机电产品、纺织品、摩托车配件和化工产品等，从缅主要进口原木、锯材、农产品和矿产品等。其GDP（2013年）总计594.27亿美元；人均GDP为915美元。

柬埔寨：柬埔寨为传统农业国。柬埔寨政府实行对外开放的自由市场经济，推行经济私有化和贸易自由化。该国主要出口产品为服装、鞋类、橡胶、大米、木薯；该国主要进口产品为燃油、建材、手机、机械、食品、饮料、药品和化妆品等。其GDP（2013年）总计432亿美元；人均GDP为2776美元。

文莱：文莱是东南亚主要产油国和世界主要液化天然气生产国，石油和天然气的生产和出口是其国民经济的支柱。该国主要出口产品为原油、液化天然气、甲醇等。该国主要进口产品为机器和运输设备、工业品、食品、化学品等。其 GDP（2011 年）总计 155.33 亿美元；人均 GDP 为 48333 美元。

老挝：老挝经济以农业为主，工业基础薄弱。1994 年 4 月 21 日，老挝国会颁布的新修订的外资法规定，政府不干涉外资企业事务，允许外资企业汇出所获利润；外商可在老挝建独资、合资企业，享 5 年免税优惠。2004 年，老挝继续补充和完善外商投资法，放宽矿产业投资政策。其 GDP（2011 年）总计 100.99 亿美元；人均 GDP（2013 年）为1490 美元。

（3）西亚地区（18 国/地区）

表 4－10　2013—2015 年"一带一路"沿线西亚地区部分国家通货膨胀率

（%）

国别	2013 年	2014 年	2015 年
伊朗	39.266	17.235	13.706
伊拉克	1.879	2.236	1.393
土耳其	7.493	8.855	7.671
约旦	4.830	2.892	－0.873
黎巴嫩	5.544	0.750	－3.749
以色列	1.526	0.476	—
沙特阿拉伯	3.506	2.671	2.185
也门	10.968	8.105	—
阿曼	1.245	1.014	0.065
阿联酋	1.099	2.346	4.069
卡塔尔	3.132	3.082	1.884
科威特	2.703	2.909	3.272
巴林	3.305	2.651	1.836
希腊	－0.921	1.312	—
塞浦路斯	－0.400	－1.335	－2.097

资料来源：世界银行数据库。

2013—2015 年"一带一路"沿线西亚地区部分国家通货膨胀率如表 4－10 所示。

伊朗：伊朗是亚洲主要经济体之一，经济实力居亚洲第 7 位。该国以石油开采业为主，另外还有炼油、钢铁、电力、纺织、汽车制造、机械制造、食品加工、建材、地毯、家用电器、化工、冶金、造纸、水泥和制糖等，但基础相对薄弱，大部分工业原材料和零配件依赖进口。该国主要出口商品为油气、金属矿石、皮革、地毯、水果、干果及鱼子酱等。该国主要进口产品为粮油食品、药品、运输工具、机械设备、牲畜、化工原料、饮料及烟草等。其 GDP（2018 年）总计 4300 亿美元；人均 GDP（2018 年）为 5220 美元。

伊拉克：石油工业是其经济主要支柱。该国主要出口产品为原油、天然气、椰枣、化肥等。该国主要进口产品为各种生产资料、粮食等生活必需品。其 GDP（2019 年）总计 2233 亿美元①；人均 GDP（2019 年）为 5876 美元。

土耳其：土耳其为北约成员国，经济合作与发展组织创始会员国，发展中的新兴经济体，有雄厚的工业基础。其在生产农产品、纺织品、汽车、船只及其他运输工具、建筑材料和家用电子产品等领域皆居领导地位，其中，农产品和工业产品在主要出口商品中大致各占一半。该国主要出口产品为电力、服装、食品、纺织品、金属制品、运输设备。该国主要进口产品为机械、石油、化学制品、半成品、燃料、运输设备。其 GDP（2019 年）总计 7550 亿美元②；人均 GDP（2019 年）为 9127 美元。

叙利亚：叙利亚经济来源主要是农业、石油业、加工业和旅游业。2011 年，叙利亚局势动荡后，美国等西方国家、地区对叙利亚实施制裁，叙利亚承受石油出口中断等多重压力，经济形势更加严峻。其 GDP（2015 年）总计 502. 8 亿美元；人均 GDP（2015 年）为 2900 美元③。

约旦：约旦是发展中国家，经济基础薄弱。其国民经济主要支柱为侨汇、外援和旅游。该国主要进口产品为原油、机械设备、电子电器、钢材、化学制品、粮食、成衣等。该国主要出口产品为服装、磷酸盐、钾盐、蔬菜、医药制品和化肥等。中国对约旦主要出口机械设备、电器及电

---

① 资料来源：外交部官方网站，http://www.fmprc.gov.cn。

② 资料来源：外交部官方网站，http://www.fmprc.gov.cn。

③ 资料来源：外交部官方网站，http://www.fmprc.gov.cn。

子产品、纺织服装；从约旦主要进口钾肥。其 GDP（2018 年）总计 420.1 亿美元；人均 GDP（2018 年）为 3956 美元①。

黎巴嫩：中国对黎巴嫩出口的商品主要是机电类产品、纺织品、电子设备、汽车类、家具等，中国从黎巴嫩进口的商品主要是废金属等。外贸在黎巴嫩国民经济中占有重要地位，政府实行对外开放与保护民族经济相协调的外贸政策，制定配套措施，提供充分保障，开展经济外交，引进资金。该国主要出口产品为蔬菜、水果、金属制品、纺织品、化工产品、玻璃制品和水泥等。其 GDP（2019 年）总计 533 亿美元；人均 GDP（2019 年）为 8780 美元②。

以色列：以色列是中东地区最为工业化、经济发展程度最高的国家，属于混合型经济，工业化程度较高，以知识密集型产业为主，高附加值农业、生化、电子、军工等部门技术水平较高。其 GDP（2019 年）总计 4071 亿美元；人均 GDP（2019 年）为 4.4 万美元③。

巴勒斯坦：农业是其经济支柱。水果、蔬菜和橄榄（油）是其外贸出口的重要部分，占出口产品的 25%。其工业主要是加工业，如制革、塑料、橡胶、化工、食品、石材、大理石和人造石板、制药、造纸、印刷、建筑、纺织、制衣和家具等。其 GDP（2019 年）总计 144.98 亿美元；人均 GDP（2019 年）为 2946.3 美元。

沙特阿拉伯：其经济发展以工业为重点，石油和石化工业是国民经济的命脉。该国主要出口产品为石油及其制品，占出口额的 90%，是世界上最大的石油输出国，还出口有椰枣、畜产品。该国主要进口商品为粮食、糖、茶和纺织品等。该国金融体系完善，旅游业也比较发达。其 GDP（2019 年）总计 7930 亿美元；人均 GDP（2019 年）为 2.32 万美元④。

也门：也门是世界上经济最不发达的国家之一，经济发展主要依赖石

---

① 资料来源：外交部官方网站，http://www.fmprc.gov.cn。

② 资料来源：外交部官方网站，http://www.fmprc.gov.cn。

③ 资料来源：外交部官方网站，http://www.fmprc.gov.cn。

④ 资料来源：外交部官方网站，http://www.fmprc.gov.cn。

油出口收入。也门已探明的石油可采储量约60亿桶，天然气可采储量约5000亿立方米。也门未参加任何石油组织，因而不受国际石油组织配额限制，在生产上较具自主性。其GDP（2019年）总计206亿美元；人均GDP（2019年）为2093美元①。

阿曼：石油、天然气产业是其支柱产业，油气收入占国家财政收入的75%，占国内生产总值的41%。其工业以石油开采为主，如今开始重视天然气工业。阿曼实行自由和开放的经济政策，利用石油收入大力发展国民经济，努力吸引外资，引进技术，鼓励私人投资。为逐步改变国民经济对石油的依赖，实现财政收入来源多样化和经济可持续发展，阿曼政府大力推动产业多元化、就业阿曼化和经济私有化，增加对基础设施建设的投入，扩大私营资本的参与程度。该国主要出口产品为石油和天然气，石油和天然气出口约占国家财政总收入的75%，非石油类出口有铜、化工产品、鱼类、椰枣及水果、蔬菜等。该国主要进口产品为机械、运输工具、食品及工业制成品等。其GDP（2019年）总计811亿美元；人均GDP（2019年）为1.5万美元②。

阿联酋：阿联酋石油和天然气资源非常丰富。截至2014年，该国已探明石油储量为133.4亿吨，占世界石油总储量的9.5%，居世界第6位；天然气储量为214.4万亿立方英尺（6.06万亿立方米），居世界第5位。1995年，阿联酋加入世界贸易组织。阿联酋与179个国家和地区有贸易关系。外贸在其经济中占有重要位置。阿联酋主要出口石油、天然气、石油化工产品、铝锭和少量土特产品，主要进口粮食、机械和消费品。其GDP（2019）总计4250亿美元；人均GDP（2019年）为4.08万美元③。

卡塔尔：卡塔尔拥有相当丰富的石油和天然气资源，天然气的总储量为全世界第三名。石油、天然气是卡塔尔经济支柱，政府大力投资开发天然气，将其作为经济发展的重中之重，卡塔尔是世界第一大液化天然气生

① 资料来源：外交部官方网站，http://www.fmprc.gov.cn。
② 资料来源：外交部官方网站，http://www.fmprc.gov.cn。
③ 资料来源：外交部官方网站，http://www.fmprc.gov.cn。

产和出口国。此外，卡塔尔还将发展非石油、天然气工业作为实现国民收入多元化和摆脱对石油依赖的主要途径，注重吸引外资和技术，鼓励发展农业，免费向农民提供种子、化肥和农业机械，号召植树造林，扩大耕地面积。卡塔尔主要出口产品为石油、液化气、凝析油合成氨、尿素、乙烯等，主要进口产品是机械和运输设备、食品、工业原材料及轻工产品、药品等。其 GDP（2018 年）总计 1883 亿美元；人均 GDP（2018 年）为 6.78 万美元①。

科威特：对外贸易在科威特经济中占有重要地位。科威特出口商品主要有石油和化工产品，石油出口占出口总额的 95%。科威特进口商品有机械、运输设备、工业制品、粮食和食品等。其 GDP（2019 年）总计 1351 亿美元；人均 GDP（2019 年）为 2.83 万美元②。

巴林：巴林是海湾地区最早开采石油的国家。2010 年，巴林开始向多元化经济发展，建立了炼油、石化及铝制品工业，大力发展金融业，成为海湾地区银行和金融中心。巴林粮食主要靠进口，本地农产品的供给量仅占巴林食品需求总量的 6%，主要农产品有水果、蔬菜、家禽、海产品等。其 GDP（2019 年）总计 398 亿美元；人均 GDP（2019 年）为 2.6 万美元③。

希腊：希腊属欧盟经济欠发达国家之一，经济基础较薄弱，工业制造业较落后，海运业发达，与旅游、侨汇并列为希腊外汇收入三大支柱。希腊同 100 多个国家有贸易关系，德国、意大利、英国、保加利亚、俄罗斯和中国为其主要贸易伙伴，欧盟成员国是其最大贸易伙伴，占其进出口总额的 64% 以上，其中德国约占 22%。该国主要出口商品为食品、烤烟、石油产品、纺织品、橄榄油、水泥等。该国主要进口商品为原材料、石油及石油产品、天然气、日用品和交通运输设备等。其 GDP（2019 年）总计

① 资料来源：外交部官方网站，http://www.fmprc.gov.cn。

② 资料来源：外交部官方网站，http://www.fmprc.gov.cn。

③ 资料来源：外交部官方网站，http://www.fmprc.gov.cn。

1874.56亿欧元；人均GDP（2019年）为17500欧元①。

塞浦路斯：塞浦路斯的法律制度以英国法制为基础。该国的立法程序与欧盟的规范接轨，最终在2004年加入欧盟，当局移除对外国直接投资的限制，在许多情况下容许外商拥有100%股权。塞浦路斯证券交易所开放外国证券投资。该国主要出口商品为医药用品、柑橘、服装、奶酪、酒类及部分轻工产品和农产品。该国主要进口矿产品、机械、运输设备、贱金属及其制品、化学工业及相关工业产品等。

埃及的西奈半岛：西奈半岛的地下资源丰富，锰矿储量估计有900万~1400万吨，还有煤、石膏、云母、黏土、铜、磷酸盐、铁和稀有金属钴、铅、锌等。自1910年在丹卡赫山发现石油以来，如今又在许多地方，尤其是沿苏伊士湾海岸一带发现了新油田，这使具成为埃及的重要石油基地。其有石油、煤、锰、铁、铜等矿产资源，所产石油占埃及石油总产量的1/4。埃及政府把西奈半岛列为优先开发的地区。

（4）南亚地区（8国）

表4-11 2013—2015年“一带一路”沿线南亚地区国家通货膨胀率

（%）

国别	2013年	2014年	2015年
印度	10.908	6.650	4.907
巴基斯坦	7.690	7.192	2.54
孟加拉国	7.53	6.991	6.194
阿富汗	7.654	4.604	-1.534
斯里兰卡	6.912	3.278	0.922
马尔代夫	3.806	2.120	0.953
尼泊尔	9.043	8.368	7.869
不丹	7.007	8.207	4.522

资料来源：世界银行数据库。

2013—2015年“一带一路”沿线南亚地区国家通货膨胀率如表4-11所示。

① 资料来源：外交部官方网站，http://www.fmprc.gov.cn。

印度：印度是世界上发展最快的国家之一，经济增长速度引人瞩目。若以同等购买力来衡量，印度2011年国内生产总值4.457兆美元，与日本并列排行世界第3，仅次于美国、中国；但是若以美元汇率评估，印度的国内生产总值仅有1.676兆美元，世界排行第11位。社会财富在印度这样一个发展中国家极度不平衡，全国10%的人口掌控全国33%的收入。由于印度人口众多，平均国民生产总值很低，2011年，印度平均国内生产总值（购买力平价）为3694美元，位列世界第129；美元汇率则为1389美元，位列世界第140。1991年以前，受社会主义计划经济影响，经济政策采用贸易保护主义，印度政府过分干预劳工及金融市场并监管商业活动。1991年印度经济危机，苏联解体，新国大党政府开始实行经济自由化改革，借由外国贸易及直接投资，逐步转型为自由市场，印度的经济规模获得了较快速度的增长。印度主要出口商品为制成品，主要包括纺织品、珠宝、机械产品、化工产品、皮革、手工艺品等；初级产品，主要包括农产品和矿产品；石油类产品，主要包括成品油、原油和石油产品等。印度主要进口商品为石油产品、电子产品、金银、机械、化工产品。其GDP（2013年）总计1.877万亿美元；人均GDP为1877美元。

巴基斯坦：巴基斯坦煤炭资源丰富。根据巴基斯坦地质调查局（GSP）的估算，巴基斯坦的煤炭资源量在1850亿吨左右，其中，1840亿吨在信德省，占全国总量的99.5%。巴基斯坦的主要矿藏储备包括天然气4920亿立方米、石油1.84亿桶、煤1850亿吨、铁4.3亿吨、铝土7400万吨，还有大量的铬矿、大理石和宝石。其森林覆盖率为4.8%。巴基斯坦经济以农业为主，工业基础薄弱。巴基斯坦最大的工业部门是棉纺织业，其他还有毛纺织、制糖、造纸、烟草、制革、机器制造、化肥、水泥、电力、天然气、石油等。巴基斯坦政府一直努力加速工业化，扩大出口，缩小外贸逆差，与90多个国家和地区有贸易关系。该国主要进口石油及石油制品、机械和交通设备、钢铁产品、化肥和电器产品等。该国主要出口大米、棉花、纺织品、皮革制品和地毯等。其GDP（2012年）总计2318.79

亿美元；人均 GDP 为 1296 美元。

孟加拉国：孟加拉国是世界上最不发达的国家之一，经济基础薄弱，国民经济主要依靠农业。孟加拉国政府积极推行私有化政策、改善投资环境、吸引外国投资、创建出口加工区。孟加拉国是仅次于印度的世界第二大黄麻生产国，同时也是世界第一大黄麻出口国。其 GDP（2013 年）总计 1410.88 亿美元；人均 GDP 为 801.28 美元。

阿富汗：阿富汗同 60 多个国家和地区有贸易往来。阿富汗是最落后国家之一，历经 30 多年战乱，经济破坏殆尽，交通、通信、工业、教育和农业基础设施遭到的破坏最为严重，生产生活物资短缺，曾有 600 多万人沦为难民。该国主要出口商品有天然气、地毯、干鲜果品、羊毛、棉花等。该国主要进口商品有各种食品、机动车辆、石油产品和纺织品等。其 GDP（2013 年）总计 207.2 亿美元；人均 GDP 为 678 美元。

斯里兰卡：斯里兰卡的经济以农业为主，而该国最重要的出口产品是锡兰红茶。该国也是世界三大产茶国之一，因此国内经济深受产茶情况的影响。在自由化进程中，斯里兰卡增长速度持续加快。斯里兰卡最大优势在于矿业和地理位置，它是一个宝石富集的岛屿，世界前五名的宝石生产大国，被誉为“宝石岛”，所以在经济初期阶段，矿业让其有不少发展优势，每年宝石出口值可达 5 亿美元，其中，红宝石、蓝宝石及猫眼最为出名。斯里兰卡实行自由外贸政策，除政府控制石油外，其他商品均可自由进口。该国主要出口商品有纺织品、服装、茶叶、橡胶、椰子和石油产品。近些年来，该国出口贸易结构发生根本变化，由过去的以农产品为主转变为以工业产品为主。其 GDP（2019 年）总计 840 亿美元；人均 GDP（2019 年）为 3852 美元①。

马尔代夫：旅游业、船运业和渔业是马尔代夫经济的三大支柱。马尔代夫强调发展国民经济，实行小规模开放型经济政策，坚持在保护环境的基础上，发挥自身资源优势，积极吸收国外资金与援助，加快经济发展。

---

① 资料来源：外交部官方网站，http://www.fmprc.gov.cn。

马尔代夫主要出口商品为海产品和成衣，主要进口商品为食品、石油产品、纺织品和生活用品。其GDP总计（2018年）48.85亿美元；人均GDP（2018年）为9541美元（测算含在马常住外国居民）。

尼泊尔：尼泊尔属于农业国，80%国民从事农业生产，农业总产值约占GDP的40%。20世纪90年代起，尼泊尔开始实行以市场为导向的自由经济政策，但因政局多变和基础设施薄弱，收效不明显。尼泊尔经济严重依赖外援，预算支出的1/3来自外国捐赠和贷款。尼泊尔主要进口商品是煤、石油制品、羊毛、药品、机械、电器、化肥等，主要出口商品是蔬菜油、铜线、羊绒制品、地毯、成衣、皮革、农产品、手工艺品等。其GDP（2012年）总计189.63亿美元；人均GDP为623.6美元。

不丹：中国大陆与不丹未建交，中国台湾地区也未与不丹建立官方交往，但关系一直友好（在所有邻国中，不丹是唯一一个未与中国建交的国家）。不丹主要出口产品为电力、化学制品、木材、加工食品、矿产品等，主要进口产品为燃料、谷物、汽车、机械、金属、塑料等。其GDP（2017）总计25.12亿美元；人均GDP（2017年）约为3438美元[①]。

（5）中亚地区（5国）

表4-12 2013—2015年“一带一路”沿线中亚地区部分国家通货膨胀率

（%）

国别	2013年	2014年	2015年
哈萨克斯坦	5.837	6.718	6.646
塔吉克斯坦	5.010	6.104	5.715
吉尔吉斯斯坦	6.607	7.534	6.503

资料来源：世界银行数据库。

2013—2015年“一带一路”沿线中亚地区部分国家通货膨胀率如表4-12所示。

哈萨克斯坦：哈萨克斯坦的自然资源非常丰富，截至2014年，已探明的矿藏有90多种，煤、铁、铜、铅、锌产量丰富，被称为“铀库”，此

① 资料来源：外交部官方网站，http://www.fmprc.gov.cn。

外，里海地区的油气资源也十分丰富。1984 年，该国产煤 12570 万吨，产商品铁矿石 2400 万吨。其钨储量居世界第 1 位，铬和磷矿石的储量居第 2 位，铜、铅、锌、钼和磷的储量居亚洲第 1 位，此外，铁、煤、石油、天然气的储量也较丰富。其已探明的石油储量达 100 亿吨，煤储量为 39.4 亿吨，天然气储量为 11700 万亿立方米。其森林和营造林 2170 万公顷；地表水资源 530 亿立方米；耕地大部分种植以春小麦为主的粮食作物，还产棉花、甜菜、烟草等。哈萨克斯坦经济以石油、天然气、采矿、煤炭和农牧业为主，加工工业和轻工业相对落后，大部分日用消费品依靠进口。哈萨克斯坦在独立后实施经济改革，分阶段推行市场经济和私有化。该国主要出口商品中，矿产品占 75%（包括石油及石油产品），金属及其制品占 13.1%，化学制品塑料和橡胶占 4.2%，动植物产品和成品粮占 3.4%，机械、设备、交通工具、仪器和仪表占 1.4%，其他占 2.9%。该国主要进口商品中，机械、设备、交通工具、仪器和仪表占 40%，化工产品（包括橡胶和塑料）占 12.9%，矿产品占 12.7%，金属及其制品占 12.3%，动植物产品和成品粮占 9.5%，其他占 12.2%。其 GDP（2019 年）总计 1512.14 亿美元。

乌兹别克斯坦：乌兹别克斯坦自然资源丰富，是独联体中经济实力较强的国家，经济实力次于俄罗斯、乌克兰、哈萨克斯坦。该国国民经济支柱产业是“四金”：黄金、“白金”（棉花）、“乌金”（石油）、“蓝金”（天然气），但经济结构单一，加工工业较为落后。该国农业、畜牧业和采矿业发达，矿产资源丰富，矿产资源储量总价值约 3.5 万亿美元。乌兹别克斯坦的工业在中亚地区举足轻重，天然气、机械制造、有色金属、黑色金属、轻纺和丝绸等工业都比较发达。该国出口产品有天然气、油类、电力、棉花、黄金、能源产品、矿物肥料、黑色金属和有色金属、纺织品、食品、机械、汽车。该国进口产品有油类、电力、机器及设备、食品、化学制品、黑色金属和有色金属。其 GDP（2019 年）总计 583 亿美元；人均 GDP 为 1741 美元①。

① 资料来源：外交部官方网站，http://www.fmprc.gov.cn。

土库曼斯坦：石油、天然气工业为其支柱产业。该国主要出口产品有天然气、石油制品、皮棉。该国主要进口产品有粮食、肉类、轻工业品。其GDP（2013年）总计411.42亿美元；人均GDP为7853美元。

塔吉克斯坦：塔吉克斯坦经济基础薄弱，结构单一。塔吉克斯坦政府决定，自1997年3月1日起，对进入境内的商品实行统一关税，税率10%，对享受塔吉克斯坦临时优惠方案的发展中国家，给予进口关税减半待遇，中国可享受关税减半待遇。该国主要出口商品是非贵重金属及其制品，占出口总额的54.6%。该国主要进口产品以交通工具机械设备、矿产品及化工产品为主，分别占进口总额的20.8%、22.8%和15.4%。其GDP（2013年）总计85.06亿美元；人均GDP为1036美元。

吉尔吉斯斯坦：其国民经济以多种所有制为基础，以农牧业为主，工业基础薄弱，主要生产原材料。自独立之初，吉尔吉斯斯坦就主张对外贸易自由化，任何个人、企业和组织都有权从事进出口贸易业务。吉尔吉斯斯坦出口产品主要为贵金属、化学物品和农产品等，主要进口石油产品、二手汽车、服装、化工产品、天然气等。其GDP（2019年）总计84.5亿美元①。

（6）独联体（7国）

表4－13　2013—2015年“一带一路”沿线独联体国家通货膨胀率　（%）

国别	2013年	2014年	2015年
俄罗斯	6.763	7.826	15.524
乌克兰	—	12.188	48.7243
白俄罗斯	18.312	18.120	13.534
格鲁吉亚	－0.512	3.069	4.004
阿塞拜疆	2.381	1.385	4.172
亚美尼亚	5.794	2.981	3.727
摩尔多瓦	4.642	5.089	9.679

资料来源：世界银行数据库。

2013—2015年“一带一路”沿线独联体国家通货膨胀率如表4－13

① 资料来源：外交部官方网站，http://www.fmprc.gov.cn。

所示。

俄罗斯：俄罗斯是一个以市场经济为基础的国家，是亚太经济合作组织（APEC）和欧亚经济联盟（EAEU）成员。其主要工业部门有机械、冶金、石油、天然气、煤炭及化工等；轻纺、食品、木材加工业较落后；航空航天、核工业处于世界先进水平。该国财政金融总体趋好。该国主要出口商品为石油和天然气等矿产品、金属及其制品、化工产品、机械设备和交通工具、宝石及其制品、木材及纸浆等。该国主要进口商品为机械设备和交通工具、食品和农业原料产品、化工品及橡胶、金属及其制品、纺织服装类商品等。2000年至今，俄罗斯经济快速回升，外贸出口大幅增长，投资环境有所改善。其GDP（2014年）总计1.81万亿美元；人均GDP为13017美元。

乌克兰：2011年，乌克兰同216个国家和地区有贸易联系，对外商品贸易总额为1510亿美元，同比上升34.7%，其中，出口684亿美元，同比上升33%，进口826亿美元，同比上升36%，逆差142亿美元。其主要出口国为俄罗斯（28.9%）、土耳其（5.4%）、意大利（4.4%）等。其主要进口国为俄罗斯（35.2%）、中国（9.2%）、德国（8.3%）等。该国主要出口产品为黑色金属及其制品、无机化学材料、化肥、木材、纺织品、铝制品、机车等。该国主要进口产品有天然气、石油、地面交通设备、纸张、塑料制品、药品、粮食和车床等。其GDP（2019年）总计1420亿美元；人均GDP（2019年）为3378美元。

白俄罗斯：白俄罗斯工业基础较好。白俄罗斯的机械制造业、冶金加工业、机床、电子及激光技术比较发达和先进；农业和畜牧业较发达，马铃薯、甜菜和亚麻等产量在独联体国家中居于前列。其出口商品结构为矿产品（占出口总额的37.9%）、机械设备和交通运输工具（15.7%）、化工产品和橡胶（18.2%）、黑色金属及制品（6.9%）、食品及农副产品（10.8%）、其他（10.5%）。其进口商品结构为矿产品（占进口总额的40.3%）、机械设备和交通运输工具（22.6%）、黑色金属及制品（8.8%）、化工产品和橡胶（12.4%）食品及农副产品（8.2%）、其他

(7.7%)。其GDP(2018年)总计597亿美元。

格鲁吉亚:格鲁吉亚致力于建立自由市场经济,接受国际货币基金组织、世界银行和欧美国家指导和援助,大力推进经济改革,进一步降低各种税率及关税,加快结构调整和私有化步伐,改善基础设施和投资环境,吸引外资。2012年,格鲁吉亚对外贸易总额为102.2亿美元,同比增长11%。其中,出口23.8亿美元,同比增长9%,进口78.4亿美元,同比增长11%。格鲁吉亚前十大贸易伙伴依次是土耳其、阿塞拜疆、乌克兰、中国、德国、俄罗斯、美国、保加利亚、亚美尼亚和意大利。2012年,格鲁吉亚对华贸易额为5.9亿美元(中国海关统计数字为7.74亿美元),同比增长7.3%,占其对外贸易总额的5.8%。其GDP(2019年)总计177亿美元。

阿塞拜疆:油气工业是其支柱产业。其当局积极实施经济发展多元化战略,大力扶持非石油领域经济发展,促进各领域均衡发展,实施以大规模基础设施和电讯业建设拉动经济的政策,其经济抵御各种风险的能力增强。该国主要出口产品有石油和石油产品、天然气、水果蔬菜、黑色金属及制品、化工产品、烟酒等,主要进口产品有机械设备、食品、交通工具及配件、黑色金属及制品、木材、药品、家具和日用品等。其GDP(2013年)总计735.61亿美;人均GDP为7913美元。

亚美尼亚:亚美尼亚主要出口产品为宝石及其半加工制品、食品、非贵重金属及其制品、矿产品、纺织品、机械设备等,主要进口产品为矿产品、食品、化工产品等。亚美尼亚主要贸易伙伴为俄罗斯、中国、德国、保加利亚、乌克兰、荷兰、比利时、美国、英国、伊朗、阿联酋等。其GDP(2013年)总计104.17亿美元;人均GDP为3447美元。

摩尔多瓦:摩尔多瓦是传统的农业国家,葡萄种植和葡萄酒酿造业发达。摩尔多瓦国土面积的80%是黑土高产田,适宜农作物生长,盛产葡萄、食糖、食油和烟草等。摩尔多瓦的工业基础薄弱。其GDP(2013年)总计79.33亿美元;人均GDP为2229美元。

(7)中东欧(16国)

波兰:波兰工业发达,采矿业以煤及褐煤最重要,煤炭储量居欧洲前列。波兰主要矿产有煤、硫黄、铜、锌、铅、铝、银等，琥珀储量丰富，价值近千亿美元，是世界琥珀生产大国，有几百年开采琥珀的历史。欧盟是波兰的最大贸易伙伴，2003 年，波兰与欧盟的贸易额占其外贸总额的 64.5%。德国、法国、意大利、荷兰、英国、俄罗斯、中国、捷克、瑞典和比利时是波兰的主要贸易伙伴。其 GDP（2013 年）总计 5175.43 亿美元；人均 GDP 为 13432 美元。

立陶宛：工农业比较发达。独立后通过企业私有化走向市场经济，经济形势基本平稳。工业是立陶宛的支柱产业，主要由矿业及采石业、加工制造业以及能源工业三大部门组成。工业门类比较齐全，以食品、木材加工、纺织、化工等为主，机械制造、化工、石油化工、电子工业、金属加工工业等发展迅速，生产的高精度机床、仪表、电子计算机等产品行销全世界 80 多个国家和地区。主要出口商品是矿产品和纺织品。主要进口商品是矿产品和机电产品。其 GDP（2019 年）总计 483 亿欧元；人均 GDP（2019 年）为 17310.4 欧元。

爱沙尼亚：世界银行将爱沙尼亚列为高收入国家，由于其高速增长的经济，爱沙尼亚经常被称作“波罗的海之虎”。其主要进口商品类别依次为机械设备、电子产品及其零部件等占 25.6%，矿产品占 14.9%，车辆、航空及船舶占 12.2%，五金及其制品占 9.7%，化工或相关产业产品占 6.7%等。其主要出口商品类别依次为机械设备、电子产品及其零部件等占 23.9%，矿产品占 16.2%，木材及木制品占 9.3%，五金及其制品占 9.3%，车辆、航空及船舶占 6.8%等。其 GDP（2013 年）总计 244.83 亿美元；人均 GDP 为 18307 美元。

拉脱维亚：拉脱维亚的工业在波罗的海 3 国居首位，农业居第 2 位。拉脱维亚主要工业门类为电子产品、机器制造、食品、轻工、纺织、建材、化工、木材加工等，支柱产业有采矿、加工制造及水电气供应等。其 GDP（2014 年）总计 327.64 亿美元；人均 GDP 为 16340 美元。

捷克：捷克主要有机械制造、化工、冶金、纺织、制鞋、木材加工、玻璃制造和啤酒酿造等工业部门。捷克实行贸易自由化政策，取消外贸的国有垄断，放开外贸经营权，取消进出口商品限制。根据捷克《贸易法典》，只要在法院和工商局注册的企业都有外贸经营权。外贸在捷克经济中占有重要位置，国内生产总值的80%依靠出口实现。其GDP（2014年）总计2015.47亿美元；人均GDP为19123美元。

斯洛伐克：其主要工业部门有钢铁、食品、烟草加工、石化、机械、汽车等。其主要农作物有大麦、小麦、玉米、油料作物、马铃薯、甜菜等。斯洛伐克的畜牧业比较发达。其GDP（2014年）总计990.31亿美元；人均GDP为18067美元。

匈牙利：匈牙利自然资源比较贫乏，主要矿产资源是铝矾土，其蕴藏量居欧洲第3位，此外有少量褐煤、石油、天然气、铀、铁、锰等。匈牙利已进入发达国家行列，工业基础较好。匈牙利根据本国国情，研发和生产一些有自己特长的和知识密集型产品，如计算机、通信器材、仪器、化工和医药等。匈牙利采取各种措施优化投资环境，是中东欧地区人均吸引外资最多的国家之一。农业基础较好，在国民经济中占重要地位，不仅为国内市场提供丰富的食品，而且为国家挣取大量外汇。主要农产品有小麦、玉米、甜菜、马铃薯等。旅游业比较发达。匈牙利进口的主要产品有石油、天然气、汽车零部件、计算机设备、汽轮机、测量仪器，出口的产品有电子产品、机械设备、交通工具（非铁路）以及化工产品等。其GDP（2018年）总计1594亿美元；人均GDP（2018年）为16315美元。

斯洛文尼亚：斯洛文尼亚属高等发达国家，有着非常好的工业、科技基础。出口在国民经济中占有重要地位，出口产值占国民生产总值的一半以上。该国主要贸易对象是欧盟国家，其次为原南斯拉夫地区和中欧自由贸易协定国。该国主要出口运输车辆、电力设备、机械设备、服装、家具、药品和制药设施、有色金属制品等。主要进口石油制品、生活用品、食品、钢铁、纺织品等。其GDP（2013年）总计468.486亿美元；人均GDP为22711美元。

克罗地亚：克罗地亚为高收入市场经济体。克罗地亚经济以第三产业为主，第二产业为辅，旅游业是国家经济的重要组成部分。克罗地亚是原南斯拉夫地区经济较为发达的国家，经济基础良好，旅游、建筑、造船和制药等产业发展水平较高。克罗地亚的工业以造船、食品加工、制药、资讯科技、生化、木材加工为主，旅游业发达，是该国经济的重要组成部分和外汇收入的主要来源。其 GDP（2013 年）总计 578.59 亿美元；人均 GDP 为 13596 美元。

波黑：波黑在南斯拉夫时期便是联邦内较贫穷的地区之一，独立后又发生了内战，经济受到严重损害。战争结束后至今，波黑经济正在渐渐复苏，同时还在进行从计划经济到市场经济的转型。该国主要出口商品有铝锭、矿产品、木材、机械产品等。该国主要进口商品有机械、食品、石油、化工、交通工具等。其 GDP（2018 年）总计 186.5 亿美元；人均 GDP（2018 年）为 5771 万美元。

黑山：旅游业和制铝工业是黑山的经济支柱。黑山制造业落后，大量的工业产品、农产品、能源及日用消费品依赖进口。其物价水平偏高，常用物品供应正常，但蔬菜品种较少。黑山出口货品主要是金属，而进口货品主要是粮食、石油和电能。其 GDP（2014 年）总计 42.8 亿美元；人均 GDP 为 6881 美元。

塞尔维亚：塞尔维亚的经济主要基于各种服务业，约占国内生产总值的 63%。2003 年以来，塞尔维亚对外经贸活动日渐活跃，外贸额稳步上升。其主要出口产品为钢铁、有色金属、水果、蔬菜、服装与其他制成品，主要进口产品为石油及其制成品、汽车、普通机床、天然气和钢铁等。其 GDP（2013 年）总计 685.90 亿美元；人均 GDP 为 8130 美元。

阿尔巴尼亚：阿尔巴尼亚地处巴尔干半岛西侧，北东南三面环陆，西隔亚德里亚海与意大利相望。阿尔巴尼亚吸引外国投资的优势有：地理位置优越，邻近西欧发达国家市场，产品销往欧盟市场，具有物流成本优势；劳动力资源丰富，劳动力成本较低；自然条件优越、气候温和，无严重自然灾害。阿尔巴尼亚基础设施发展比较落后，国家财政资金紧张，吸引外资发展铁路、海运、电力等基础设施建设的需求强烈。主要出口商品有纺织原料及纺织制品、鞋类、矿产品、贱金属及其制品；主要进口商品为机器、机械器具、电气设备及其零件、化工产品。其 GDP（2019 年）总计 158 亿美元；人均 GDP（2019 年）为 5448 美元。

罗马尼亚：2013 年，罗马尼亚经济增长 3.5%，增速在欧盟 28 个成员国中位列第 1。其经济以工业为主，包括机械制造、石油化工、石油提炼、电力、钢铁等，轻纺工业也较发达，计算机尤为发达。其主要出口产品是石油化工产品、石油装备、拖拉机、卡车和农产品，主要进口产品为机器设备和铁矿石、天然橡胶、焦炭、有色金属等工业原料。其 GDP（2013 年）总计 1896.48 亿美元；人均 GDP 为 8905 美元。

保加利亚：保加利亚是一个传统农业国，玫瑰、酸奶和葡萄酒历来在国际市场上享有盛名，工业以食品加工业和纺织业为主，旅游业近年来也有所发展。保加利亚是中欧自由贸易协定组织的成员，外贸在保经济中占有重要地位，主要进口产品是能源、化工、电子等产品，出口产品主要是轻工产品、化工、食品、机械、有色金属等。其 GDP（2019 年）总计 681.6 亿美元；人均 GDP（2019 年）为 9737 美元。

北马其顿：作为非欧盟成员国和制度体系发展相对完善的欧洲国家，北马其顿亲欧倾向与全球开放、成长潜力与市场狭小、规则遵守与人为干扰等因素并存交织，对外国投资者来说既有较大的吸引力，也需要面对不利因素。北马其顿外贸占国内生产总值的 60.9%，主要出口产品有食品、水果蔬菜、烟酒、化工产品、纺织品、铜、锌、铅、电缆、电冰箱等，主要进口产品有肉类、原油、汽车、成衣等。其 GDP（2019 年）总计 126.9 亿美元；人均 GDP 为 6112 美元。

总的来说，对于房地产行业，目标市场所在国家的经济增长速度、通货膨胀率反映的经济稳定性和经济自由度是重要的经济环境因素。经济增长率高的国家必然伴随着市场需求的提升，通货膨胀率会直接影响所投资项目的融资成本，东道国的经济自由程度会影响企业长期经营发展的可能性。

通过人均 GDP 年增长率，可以体现出该国的经济增长变化情况。根据世界银行数据库公布的数据，2014—2016 年，平均经济增长率在4% ~7%

的“一带一路”沿线国家有印度、乌兹别克斯坦、缅甸、老挝、土库曼斯坦、孟加拉国、柬埔寨、不丹、越南、菲律宾、罗马尼亚、伊朗、塔吉克斯坦；平均经济增长率在 0 ~ 4% 的“一带一路”沿线国家有格鲁吉亚、印度尼西亚、斯里兰卡、保加利亚、匈牙利、立陶宛、波兰、马来西亚、捷克、波黑、斯洛伐克、北马其顿、拉脱维亚、土耳其、马尔代夫、摩尔多瓦、巴基斯坦、斯洛文尼亚、阿尔巴尼亚、黑山、阿联酋、伊拉克、克罗地亚、爱沙尼亚、尼泊尔、泰国、蒙古、亚美尼亚、吉尔吉斯斯坦、埃及、以色列、塞浦路斯、巴林、新加坡、塞尔维亚、希腊、哈萨克斯坦、沙特阿拉伯、卡塔尔；平均经济增长率为负的“一带一路”沿线国家有阿塞拜疆、阿富汗、约旦、俄罗斯、白俄罗斯、阿曼、科威特、乌克兰、黎巴嫩、文莱、也门；没有平均经济增长率在 7% 以上的“一带一路”沿线国家。总体来看，2014—2016 年，“一带一路”沿线国家中很多处于 4% 以下的低速增长状态，仅印度、乌兹别克斯坦、缅甸、老挝、土库曼斯坦、孟加拉国、柬埔寨、不丹、越南、菲律宾、罗马尼亚、伊朗、塔吉克斯坦达到中速增长水平。

根据世界银行数据库公布的数据，2013—2015 年，“一带一路”沿线国家通货膨胀率情况分析如下：乌克兰、伊朗、俄罗斯、白俄罗斯等国的通货膨胀率较高，经济稳定性较差。立陶宛、拉脱维亚、斯洛伐克、保加利亚和克罗地亚等国通货膨胀率较低，经济稳定性较好。塞浦路斯、希腊、波黑和文莱出现了负通货膨胀率，处于通货紧缩状态。

我们根据世界银行数据库公布的数据进行分析，结果显示，2014—2016 年“一带一路”沿线国家中，新加坡、爱沙尼亚、立陶宛、巴林和格鲁吉亚的经济自由度得分相对比较高，而俄罗斯、白俄罗斯、乌克兰、塔吉克斯坦、乌兹别克斯坦、土库曼斯坦等国家的经济自由度得分较低。

4.1.3 人口文化环境[①]

“一带一路”沿线国家总人口约46亿，人口基数大，占全球的62%。土地总面积约5000万平方千米，占世界的39%。多数“一带一路”沿线国家处于现代化和城市化的高速发展阶段，对公路、铁路、港口、机场、管道和技术等基础设施的需求不断增加。建设中的著名“一带一路”项目包括巴基斯坦瓜达尔港，昆明—新加坡高速铁路的主要部分，中国和哈萨克斯坦交界的霍尔果斯陆港，以及从中国到德黑兰和伦敦首次开通的货运列车。同中国越来越高的土地成本相比，“一带一路”沿线发展中国家的土地成本比较低，在“一带一路”沿线一些国家的城市中，商业地产有着比较强劲的发展需求。

以下是对“一带一路”沿线65个国家和地区的社会文化环境进行的分析：

（1）东亚地区（1国）

蒙古：蒙古位于亚洲中部，被中国与俄罗斯包围，是仅次于哈萨克斯坦的世界第二大内陆国家，是“一带一路”北线的重要支点。蒙古国土面积为1564110平方千米，是世界上国土面积第19大的国家。截至2018年，蒙古人口为317.021万人[②]，是世界上人口密度最小的国家。蒙古可耕地较少，大部分国土被草原覆盖，北部和西部多山脉，南部为戈壁沙漠。蒙古约30%的人口从事游牧或半游牧，主要信仰藏传佛教，主体民族是喀尔喀蒙古族，也有哈萨克族等少数民族分布于西部。其国内生产总值（2020年）为136亿美元。[③]

（2）东盟（10国）

新加坡：新加坡国土面积710平方千米。截至2018年，新加坡总人口为563.8676万人。新加坡总人口中的3/4是华人，还有马来人和印度人，

① 4.1.3中“一带一路”沿线国家的人口文化环境相关内容根据外交部官方网站公布的资料整理、分析得到。

② 4.1.3中所有的人口数据均来源于世界银行网站或外交部官方网站。

③ 资料来源：外交部官方网站，http://www.fmprc.gov.cn。

马来语是其国语，英语、汉语、马来语和泰米尔语是其官方语言，行政用语为英语。新加坡商人也以华侨为最多，他们乡土观念很强，勤奋、能干、耐劳、智慧，一般都很愿意与中国进行商贸洽谈合作，老一代华侨还保持着讲“面子”的特点，“面子”在商务洽谈中具有决定性的意义，华侨商人注重信义、珍惜朋友之间的关系。新加坡有严格完善的各项法制制度，多年来持续保持世界犯罪率最低国家之一的纪录，被誉为“世界最安全国家”，生活、工作安全指数高。

泰国：泰国总人口为6942.852万人（2018年）。泰国第一大民族为泰族，占总人口的75%，其他民族还有华族、马来族、高棉族、克伦族、苗族等。泰国华人在人数上仅次于泰族，占总人口的14%左右。泰语为泰国的国语，佛教是其国教。泰国人性情温和、注重礼仪、尊重长辈，人们见面时通常行合十礼。

越南：越南陆地面积329556平方千米，人口约9554.04万人（2018年）。越南为多民族国家，有54个民族，京族为其主要民族。在越南，佛教占主导地位。越南人崇尚儒家思想，人们在日常生活中注重礼节，称谓与问候很讲究，要在名字前加兄弟姐妹等尊称。

马来西亚：马来西亚国土面积为330803平方千米，根据外交部官方网站2020年5月最新数据，其总人口为3268万人。全国人口中，马来西亚人约占69.1%，华人约占23%。伊斯兰教是马来西亚的国教。马来西亚人以热情及友善著称，见面时行握手礼，然后双手触摸胸膛以示真诚，左手被认为是肮脏的，忌讳用食指指人或指路，不跷二郎腿，不用手抚摸小孩的头。马来西亚人忌食猪肉，禁酒。马来西亚是全球最多公共假期的国家之一，除周末外，在马来西亚工作每年有至少13天的国定假日。

印度尼西亚：印度尼西亚是一个群岛国家，国土面积1904569平方千米，由约17000个岛屿组成，自东向西距离绵延超过5000千米，自南向北距离近1800千米。截至2018年，印度尼西亚人口为26766.343万人。根据印度尼西亚政府公布的数据，印度尼西亚有300多个民族，其中爪哇族占人口总数的45%，巽他族占14%，马都拉族占7.5%，马来族占7.5%，华人约占人口总数的5%，超过1000万人。印度尼西亚官方语言为印度尼西亚语。印度尼西亚约87%的人信奉伊斯兰教，是世界上穆斯林人口最多的国家。印度尼西亚人非常注重服饰礼仪，男性在办公时通常穿着统一工作服或穿长裤、白衬衫并打领带，长袖错染衫为印度尼西亚国服，在多数正式场合都可以穿着，妇女在办公室穿裙子和有袖的短外套，并避免色彩过于鲜艳，如果参观庙宇或清真寺，不能穿短裤、无袖服、背心和比较裸露的衣服，进入任何神圣的地方，一定要脱鞋，在巴厘岛，进入寺庙要在腰间束腰带。印度尼西亚人特别注重送名片。初次相识，客人应把自己的名片送给主人，名片文字用英文。印度尼西亚人喜欢平和的声调、不摆架子的姿态和寻求一致的良好愿望，与他们谈判时应态度谦逊些并放低声音。拜访印度尼西亚商人时最好带上礼物，他们收下礼物即意味着承担了某种责任；对印度尼西亚商人送自己的礼品要欣然接受，但不要当面打开包装。印度尼西亚商人喜欢宴请，作为客人，外商在回国前应以相同标准回报对方一次。印度尼西亚人忌讳用左手传递东西或食物；忌讳有人摸他们孩子的头部；忌讳老鼠和乌龟；与印度尼西亚人交谈应避开政治、宗教等话题。

菲律宾：菲律宾人口约10665.192万人（2018年），全国人口的85%以上为马来族。菲律宾人85%信奉天主教，日常见面礼仪为握手礼。菲律宾人善交际，作风大方，商务洽谈中，喜欢明确回复。

缅甸：缅甸人口约5370.839万人（2018年）。缅甸联邦共有135个民族，缅族约占65%。缅甸为佛教国家，85%以上的缅甸人信仰佛教。其官方语言为缅语、英语。

柬埔寨：柬埔寨人口为1624.98万人（2018年）。柬埔寨是多民族国家，共有20多个民族。高棉族占总人口的80%，高棉语（Khmer）为其官方语言。柬埔寨全国人口的85%以上信仰小乘佛教。柬埔寨人最常用的礼节是合十礼，在社交场合中也流行握手礼。

文莱：文莱人口为42.27万人（2018年），其中，马来人占65.8%，华人占10.2%，其他种族占24%。马来语是其国语，通用英语，伊斯兰教是其国教①。文莱宗教色彩和马来民族传统色彩均较浓厚，注重人际关系的和谐，重视礼节。

老挝：老挝人口约706.151万人（2018年），有49个民族，老泰语族约占全国人口的60%，国民大多信奉小乘佛教。老挝人日常会面礼仪是合十礼，接待贵客常举行栓线仪式（一种祝福仪式）。

（3）西亚地区（18国/地区）

伊朗：伊朗人口为8165万人，全国人口中，波斯人占66%，阿塞拜疆人占25%，库尔德人占5%，其余为阿拉伯人、土库曼人等少数民族。其官方语言为波斯语，伊斯兰教为其国教。②

伊拉克：伊拉克地理条件得天独厚，拥有丰富的石油、天然气资源。伊拉克人口约3843.36万人（2018年）。其为多民族国家，阿拉伯人约占全国人口的78%，库尔德人约占18%。伊斯兰教是其国教，官方语言为阿拉伯语和库尔德语。在伊拉克，绿色代表伊斯兰教，黑色用于丧色。阿拉伯人喜爱绿色，忌讳蓝色，禁忌以猪、熊猫、六角星做图案，“13”为禁忌数字。

土耳其：土耳其人口约8231.972万人（2018年），国内80%为土耳其族，15%为库尔德族。其官方语言为土耳其语，绝大部分国民信仰伊斯兰教。土耳其人在商务场合穿正装西服，女性忌穿无袖衣服，家人、朋友、同事见面礼仪为贴面礼。

叙利亚：叙利亚人口为1980万人（2015年官方估计），其中，阿拉伯人占80%以上，是伊斯兰教国家。阿拉伯语为其国语，居民中85%信奉伊斯兰教，14%信奉基督教，餐桌上常见的菜肴有烤羊肉、鸡肉、炸鱼、煮牛肉，喜欢吃甜食。③

约旦：约旦资源较贫乏，可耕地少，主要依赖进口。约旦人口约995.601万人（2018年），主要民族是阿拉伯人，占约旦人口的98%。伊

① 资料来源：外交部官方网站，https://www.fmprc.gov.cn/。
② 资料来源：外交部官方网站，https://www.fmprc.gov.cn/。
③ 资料来源：外交部官方网站，https://www.fmprc.gov.cn/。

斯兰教为其国教，绝大多数人信奉伊斯兰教。在约旦，正式场合中男士一般穿西装，有的戴头巾或穿阿拉伯大袍加戴头巾，女士穿套装，有的戴头巾或穿阿拉伯大袍加戴头巾，但不蒙面，会面礼仪为握手礼，会面时女士互相行握手或贴面礼。

黎巴嫩：黎巴嫩人口约 684.893 万人（2018 年）。阿拉伯人占黎巴嫩人口的 95%，官方语言是阿拉伯语。黎巴嫩主要信奉两大宗教：基督教和伊斯兰教，但教派繁多，崇尚宽容、仁慈、平等、博爱，注重礼仪。在黎巴嫩，正式场合中男士穿西装，女士盛装打扮，会面礼仪为握手礼，会面时男士之间、女士之间互相行握手礼或贴面礼。

以色列：以色列人口约 888.28 万人（2018 年）。犹太民族约占以色列总人口的 75.2%，阿拉伯人占人口总数的 20.6%。其官方语言为希伯来语和阿拉伯语。以色列人的宗教信仰主要有犹太教、伊斯兰教和基督教三大宗教。以色列人民普遍热情，喜好交流，注重契约。

巴勒斯坦：巴勒斯坦人口约 1270 万人（2018 年），通用阿拉伯语，主要信仰伊斯兰教。

沙特阿拉伯：沙特阿拉伯人口约 3369.995 万人（2018 年）。伊斯兰教为其国教，官方语言为阿拉伯语，商界通行英语。沙特人待人热情真诚，乐于助人，衣着朴素，饮食喜好甜食。该国禁忌包括严禁崇拜偶像，严禁饮酒，严禁对女人、宗教设施和皇室建筑等拍照；禁食猪肉及一切外形丑陋和不洁之物；忌讳左手递送东西或食物。

也门：也门人口为 2758 万人，官方语言为阿拉伯语，国民绝大多数是阿拉伯人，有极少部分非洲人。伊斯兰教为其国教，现代社会同事或朋友见面一般行握手礼，也门人会面的传统礼仪之一是吻手或吻面礼。

阿曼：阿曼人口总数为 482.948 万人（2018 年）。阿曼绝大多数是阿拉伯人，官方语言为阿拉伯语，通用英语。伊斯兰教为其国教。阿曼人大多热情好客，客人相见时，一般都要先互致问候，然后再行拥抱礼和亲吻礼。

阿联酋：阿联酋人口约 963.096 万人（2018 年）。阿拉伯人在其全国总人口中占 87%，伊斯兰教是其国教。阿联酋人性格粗犷、奔放、热情，招待客人时习惯以茶和咖啡待客，喜爱甜点，当地人传统服饰特点是男人穿白袍，头戴白头巾；妇女穿黑袍，披黑头巾，有的面蒙黑纱。阿联酋穆斯林每天必须做五次礼拜，一般阿拉伯家庭仍席地用餐，且用右手取食。

卡塔尔：卡塔尔人口为 276 万人。卡塔尔人都属于阿拉伯民族，官方语言为阿拉伯语，通用英语。卡塔尔居民大多信奉伊斯兰教。卡塔尔人见面行拥抱礼和吻面礼，亲朋好友久别重逢或出远门，会热烈拥抱并吻腮三下（仅限于同性之间，男士为左、右、左；女士为右、左、右），对外宾，初次见面一般行握手礼。卡塔尔严格禁酒，也禁止进口和销售猪肉。

科威特：科威特人口为 443 万人，其中科威特籍人约占 30%，主要为阿拉伯人。科威特官方语言为阿拉伯语，通用英语，伊斯兰教为其国教。

巴林：巴林人口为 156.944 万人（2018 年）。巴林本土人多数是阿拉伯人的后裔，少数为伊朗和犹太人的后裔。阿拉伯语为其国语，通用英语，伊斯兰教为其国教。巴林重视礼仪，社交礼仪中行握手礼，亲密的友人行拥抱礼、吻礼，握手、递物时均要用右手，用左手被视为不礼貌。

希腊：希腊人口为 1074 万人（2018 年），98% 以上为希腊人。其官方语言为希腊语，国教为东正教。

塞浦路斯：塞浦路斯人口为 118.927 万人（2018 年），其中希腊族占 75.4%，土耳其族占 10.0%。塞浦路斯官方语言为希腊语和土耳其语，通用英语。塞浦路斯希腊族信奉东正教，土耳其族信奉伊斯兰教，还有部分人信奉天主教、基督教等。塞浦路斯人热情好客，喜好交际，时间观念不强。该国人见面行握手礼仪，国民喜爱蓝、浅蓝、黑、白、黄等颜色。复活节为其最大的宗教节日。

埃及的西奈半岛：该地区面积为 61000 平方千米。

（4）南亚地区（8 国）

印度：印度人口为 135261.733 万人（2018 年）。印度为多民族、多宗教的国家，有十个大民族和几十个小民族，其中印度斯坦族占人口的 46.3%。印度居民中约有 80.5% 信奉印度教，13.4% 信奉伊斯兰教。印度教徒把牛看作“神牛”“圣牛”，牛受到特别的尊敬。印度饮食南北差异大，北方多食用肉、谷物和面包，南方多素食。

巴基斯坦：巴基斯坦人口约 21221.503 万人（2018 年）。其为多民族国家，其中旁遮普族占 63%，信德族占 18%。巴基斯坦宪法规定乌尔都语为国语，官方语言为英语。伊斯兰教为其国教，伊斯兰教徒占全国人口总数的 95%。

孟加拉国：孟加拉国总人口为 16135.604 万人（2018 年），为多民族国家，主要民族为孟加拉族，约占人口总数的 98%。孟加拉语为其国语，官方语言为英语，伊斯兰教为其国教。在社交场合中，男士间行握手礼，男士与女士相见行点头示礼。孟加拉国的佛教徒与客人相见行合十礼。该国人忌讳拍打他人后背，忌讳左手传递东西或食物，认为 13 是个消极的数字，喜爱荷花。

阿富汗：阿富汗人口约为 3717.239 万人（2018 年）。该国约有 30 个民族，主要民族有 21 个，其中，普什图族约占 40%，塔吉克族约占 25%，哈扎拉族占 19%，乌兹别克族占 8%。阿富汗人官方语言是普什图语和达利语，国民普遍信仰伊斯兰教，其中穆斯林约占 99%，所有伊斯兰教禁忌适用于阿富汗。阿富汗人会面礼仪为握手礼或手放胸口表示敬意，朋友之间行贴面礼。

斯里兰卡：斯里兰卡人口为 2167 万人（2018 年），为多民族国家，僧伽罗族占总人口的 74.9%，泰米尔族占 15.4%，摩尔族占 9.2%，其他民族占 0.5%。僧伽罗语、泰米尔语同为斯里兰卡官方语言和全国语言，商务活动中通用英语。斯里兰卡居民中 70.2% 信奉佛教。斯里兰卡举行典礼仪式通常以点油灯表示庆贺。在斯里兰卡，摇头表示同意，点头表示不同意。

马尔代夫：马尔代夫人口为 36.6 万人。居民均为马尔代夫族，官方语言是迪维希语（Dhivehi），伊斯兰教是其国教。由于宗教习惯，马尔代夫人不吃猪肉，不饮酒。作为伊斯兰国家，其国民每天祈祷 5 次，周五、周六为休息日。

尼泊尔：尼泊尔人口为 2808.787 万人（2018 年）。尼泊尔为多民族国家，国语为尼泊尔语，上层社会通用英语。86.5% 的尼泊尔居民信奉印度教。尼泊尔最常见的社交礼节是合十礼，左手被认为是不洁净的，摇头表示同意，点头表示不同意，有敬黄牛为神的习俗。

不丹：不丹人口总数约 73.5 万人（2018 年）。不丹语“宗卡”为其官方语言，藏传佛教（噶举派）为其国教，传统节日有戒楚节、苯教节。

（5）中亚地区（5 国）

哈萨克斯坦：哈萨克斯坦人口有 1827.243 万人（2018 年），共有 125 个民族，主要有哈萨克族、俄罗斯族、乌兹别克族、乌克兰族、维吾尔族等。其官方语言为哈萨克语和俄语，主体民族哈萨克族信仰伊斯兰教，约占人口总数的 69%。哈萨克人能歌善舞，传统习俗多来自游牧活动，多数与马有关。

乌兹别克斯坦：乌兹别克斯坦人口有 3295.54 万人（2018 年），共有 134 个民族，其中乌兹别克族占 78.8%。该国官方语言为乌兹别克斯坦语，通用语为俄语。乌兹别克人大多信奉伊斯兰教，信徒占人口总数的 90% 以上。该国人多食牛、羊、马肉和奶制品，喜欢吃抓饭、烤肉串。

土库曼斯坦：土库曼斯坦人口为 585.091 万人（2018 年）。土库曼族占人口的 94.7%，官方语言为土库曼语，俄语为通用语言。大多数土库曼斯坦居民信仰伊斯兰教（逊尼派）。土库曼人重视宗教传统节日，每年的古尔邦节对其而言有很重要的意义。

塔吉克斯坦：塔吉克斯坦总人口为 910.084 万人（2018 年）。该国为多民族国家，有 120 个民族。塔吉克族人口约占全国人口总数的 80%。塔吉克语为其国语，俄语为族际交流语言，大多数居民信奉伊斯兰教，穆斯林人口占全国总人口的 86%。

吉尔吉斯斯坦：吉尔吉斯斯坦总人口为 632.28 万人（2018 年），全国有 84 个民族，其中吉尔吉斯族占 71%，国语为吉尔吉斯语。该国多数居民信仰伊斯兰教①，部分居民信仰东正教和天主教。吉尔吉斯人的饮食中多半是牛奶和肉类，忌食猪、狗、驴、骡、蛇肉以及猛禽肉和自死畜肉。

---

① 资料来源：外交部官方网站，https://www.fmprc.gov.cn/。

（6）独联体（7国）

俄罗斯：俄罗斯总人口为1.46亿人，为多民族国家，有194个民族，其中俄罗斯族占77.7%。俄罗斯官方语言为俄语，主要宗教为东正教，其次为伊斯兰教。俄罗斯民族有右为尊、为吉，左为卑、为凶的观念。宴会上，俄罗斯人喜欢敬酒。在俄罗斯，送鲜花给亲戚朋友、老师等必须是单数，只有给去世的人送花是双数。

乌克兰：乌克兰人口为4196万人（2019年10月统计，不含克里米亚地区），共有110多个民族，乌克兰族占77%，俄罗斯族占17%。其官方语言为乌克兰语，俄语广泛使用，主要信奉东正教和天主教。大多数乌克兰人忌讳数字13和星期五，喜好赠送鲜花，送花以单数为宜，忌讳双数（只用于葬礼等场合）。在乌克兰消费一般需支付小费。

白俄罗斯：白俄罗斯人口为945.6万人（2019年7月），有100多个民族，其中白俄罗斯族占81.2%，俄罗斯族占11.4%。其官方语言是白俄罗斯语和俄语，主要信奉东正教（70%以上），重视礼仪，有“女士优先”的传统。白俄罗斯人认为数字13是不吉利数字，认为使用左手是不礼貌的举止，对盐十分崇拜，认为盐能驱邪除灾，一般午宴在13：00—15：00，晚宴在19：00开始，持续2～3小时。

格鲁吉亚：格鲁吉亚人口为372.35万人（截至2019年1月），为多民族国家，格鲁吉亚族占86.8%，官方语言为格鲁吉亚语。格鲁吉亚人主要信奉东正教，少数信奉伊斯兰教。格鲁吉亚人性格豪放、热情好客、注重社交礼仪，喜欢数字“7”和“3”，不喜欢数字“13”和“666”。

阿塞拜疆：阿塞拜疆全国总人口为1000万人（截至2019年4月），共有43个民族，其中阿塞拜疆族占91.6%，列兹根族占2.0%，官方语言为阿塞拜疆语。

亚美尼亚：亚美尼亚总人口为306.25万人（截至2019年8月），亚美尼亚族约占96%，官方语言为亚美尼亚语。亚美尼亚人主要信仰基督教，社交场合与客人相见行握手礼，亲朋好友相见行拥抱礼，喜欢黑色服饰，喜欢喝咖啡，喜欢烤猪、羊肉。

摩尔多瓦：摩尔多瓦总人口为335万人（截至2019年1月），摩尔多瓦族占总人口的75.8%，官方语言为摩尔多瓦语，通用俄语。98%的摩尔多瓦人信奉东正教。摩尔多瓦人能歌善舞，重要节日、家庭和好友聚会时跳霍拉舞，常邀请客人参加。

（7）中东欧（16国）

波兰：波兰人口为3840万人（2019年2月），波兰族占人口的97.1%（2016年），少数民族主要有德意志、白俄罗斯、乌克兰、俄罗斯、立陶宛、犹太等民族，官方语言为波兰语。绝大部分居民信奉罗马天主教。波兰人真诚豪爽，社交场合与客人相见时行握手礼，亲朋好友间行拥抱礼。

立陶宛：立陶宛人口为279万人。立陶宛族占84.2%。官方语言为立陶宛语。居民主要信奉罗马天主教。立陶宛人注重生活质量，爱运动，休息日喜欢旅游。注重服饰礼仪，关注产品质量。社交礼仪行握手礼。

爱沙尼亚：爱沙尼亚总人口为131.9万人（2019年），主要民族有爱沙尼亚族、俄罗斯族、乌克兰族和白俄罗斯族，官方语言为爱沙尼亚语，英语、俄语也被广泛使用。爱沙尼亚人主要信奉基督教路德宗、东正教和天主教，爱沙尼亚人民善良友好，感情不易外露，守时履约。

拉脱维亚：拉脱维亚总人口为191.4万人，为多民族国家，拉脱维亚族占总人口的62%，官方语言为拉脱维亚语，通用俄语。该国居民主要信奉基督教路德教派和东正教，正式场合行握手礼。

捷克：捷克总人口为1065万人（2019年），捷克族占总人口的90%以上，官方语言为捷克语，主要宗教是罗马天主教。捷克人注重社交礼仪，正式场合穿西装，将玫瑰花视为国花，普遍忌讳红三角图案，喜食肉类食品、葡萄酒和啤酒。

斯洛伐克：斯洛伐克总人口为545万人（截至2019年3月底），斯洛伐克族占人口总数的81.5%，罗姆族（吉卜赛人）占2%，其余为捷克族、卢塞尼亚族、乌克兰族、德意志族、波兰族、俄罗斯族等。其官方语言为斯洛伐克语。斯洛伐克居民大多信奉罗马天主教，斯洛伐克人热情好客，喜爱象征高贵的蓝色和象征热情的红色，喜欢数字8、12、14等，忌讳13。

匈牙利：匈牙利总人口为977.8万人（2019年1月），匈牙利（马扎尔）族约占人口总数的90%，此外还有斯洛伐克、罗马尼亚、克罗地亚、塞尔维亚、斯洛文尼亚、德意志等民族，官方语言为匈牙利语。匈牙利居民主要信奉天主教和基督教，在社交场合中，与客人相见时行握手礼，亲朋相见时行贴面礼，饮食上以西餐为主，圣诞节、复活节为其最重要的节日，忌讳数字13。

斯洛文尼亚：斯洛文尼亚总人口为208万人（2019年），斯洛文尼亚族约占总人口的83%，官方语言为斯洛文尼亚语。斯洛文尼亚居民主要信奉天主教，会面礼仪为握手礼，拥抱礼、吻面礼等仅限于亲人、熟人之间。

克罗地亚：克罗地亚总人口为417.4万人（2016年），克罗地亚族占总人口的90.42%，其他民族有塞尔维亚族、波什尼亚克族、意大利族、匈牙利族、阿尔巴尼亚族、斯洛文尼亚族等。克罗地亚官方语言为克罗地亚语，主要宗教是天主教。克罗地亚人在社交场合中，与客人见面行握手礼，与亲友见面行拥抱礼。克罗地亚人喜欢蓝色，认为蓝色象征宁静、纯洁、坚贞、永恒、忠诚。

波黑：波黑人口为353万人（2013年），官方语言为波斯尼亚语、塞尔维亚语和克罗地亚语，主要宗教有伊斯兰教、东正教、天主教等。波黑人在社交场合中，与客人见面行握手礼，亲朋间行拥抱礼、吻面礼。波黑人性格直率，热情好客，能歌善舞。

黑山：黑山人口为62.2万人（2018年），黑山族占45%，塞尔维亚族占29%，波什尼亚克族占8.6%，阿尔巴尼亚族占4.9%。黑山官方语言为黑山语，主要宗教是东正教。

塞尔维亚：塞尔维亚人口为718万人（不含科索沃地区），官方语言为塞尔维亚语，英语比较普及，多数居民信奉东正教。塞尔维亚人热情豪爽，社交场合注重服饰礼仪。

阿尔巴尼亚：阿尔巴尼亚人口为285万人（2019年1月），其中，阿尔巴尼亚族占 82.58%，阿尔巴尼亚官方语言为阿尔巴尼亚语，56.7% 以上的居民信奉伊斯兰教。

罗马尼亚：罗马尼亚总人口为 1941 万人（2019 年 1 月），罗马尼亚族占总人口的 88.6%，官方语言为罗马尼亚语，主要宗教有东正教、罗马天主教、新教。罗马尼亚人善于做生意和精于评估。

保加利亚：保加利亚人口为 700 万人（2019 年），其中，保加利亚族约占 84%，保加利亚语为其官方语言。保加利亚居民中，信奉东正教者占 85%，其余信奉伊斯兰教、天主教、新教等宗教。保加利亚人在社交场合中，与客人相见时行握手礼，亲朋好友相见行拥抱礼和亲吻礼，点头表示“不”，摇头表示“是”。

北马其顿：北马其顿人口为 207.5 万人（2017 年），为多民族国家，其中，马其顿族占 64.18%，此外还有阿尔巴尼亚族、土耳其族、罗姆族、塞尔维亚族。该国官方语言为马其顿语，大多数居民信奉东正教。马其顿人热情好客，到私人家里做客可以送花、葡萄酒或巧克力，送单数花表示喜庆，双数花通常用于葬礼。

4.1.4　技术环境

随着科学与技术的不断进步，房地产企业在房屋建造技术和制造工艺等方面在不断创新，主要体现在房屋用料材质提升、房屋建造速度提升，符合绿色生活理念的节能生态家居用品不断涌现，舒适的户型设计、良好的绿化环境，等等，这些都给消费者带来了安全性能高、个性化的选择，同时也大大节约了建造成本。

信息技术和人工智能的发展也改变了房地产营销活动的过程。信息技术的发展为区域和空间引入了全新的理念。例如，在区域与场所的新概念中，实际的建筑将越来越多地被虚拟的空间代替。很多企业开启弹性工作制，实施在家办公模式。作为房地产开发商，在营造新的居住或办公环境时要充分考虑这些市场新需求。人工智能技术让房地产企业精准了解消费者需求，节省大量广告预算。

5G 时代的到来也给房地产企业带来了多方面的影响，5G 技术对房地产项目定位、项目建设、项目运营都产生了积极的作用。首先，5G 技术使房地产企业实施智慧化运作有了强有力的技术基础。5G 技术使物联网"万物互联"得以实现，BIM、建筑传感器、建筑机器人、工地物联网监控等在技术上已经可以被广泛采用。房地产企业在 5G 时代必须布局智慧园区、智慧社区、智慧楼宇或智慧家居才能迎合市场竞争的需求。其次，5G 技术的实现使房地产企业数字化营销更加便捷。房地产企业在做 O2O 营销的过程中，运用 5G 技术可以为消费者提供更好的沉浸式体验，更深入地实现互动式营销、精准营销。

AI、大数据、云计算也已经成为现代社会的技术基础，大数据和 AI 成果可以广泛地应用到房地产营销中。

4.2 微观环境分析

对于房地产企业来说，微观环境主要由购房者、竞争者、上下游企业、公众、企业内部环境五个方面构成。

购房者包括消费者、投资者、为满足生产和仓储等方面需要而购买工业用房地产商品的生产者、政府机构购买者。竞争者分析在第 6 章 6.3 有详细的阐述。房地产开发企业的上下游企业主要包括供应商、房地产中介、物业管理企业等。[①] 供应商是指向房地产开发企业提供土地、建筑材料、房屋设备、资金及服务等资源的组织和个人。房地产中介是协助房地产开发企业策划、推广、销售和分配商品给最终买主的组织和个人，包括中间商、市场营销服务机构及金融机构等。其中，房地产中间商主要指房地产代理商和经纪人。房地产企业经常面对的公众有金融公众、媒介公众、政府公众、公民行动公众、地方公众、一般公众、内部公众。房地产企业要处理好公众关系，树立企业良好形象，以便更好地实施营销活动。

---

① 王珊．房地产营销管理[M]．北京：中国人民大学出版社，2017：35－36.

目前，欧美房地产市场已经发育成熟，市场比较规范，风险相对较小。受金融危机影响，一些地区房地产市场经历了一段时期的价格低谷，吸引了中国一大批有实力的机构投资者。为分散市场投资风险等考虑，多家中国大型房地产企业开始海外试水。随着国内监管环境的宽松，越来越多的中国投资者成为欧美房地产市场的主要买家。在住宅市场，中国投资者已经成为全球海外置业的最大外国买家（见表4－14）。

表4－14 2012—2016年中国对“一带一路”沿线东盟10国直接投资流量

单位：百万美元

国家	2012年	2013年	2014年	2015年	2016年
新加坡	1519	2033	2814	10452	3172
泰国	479	755	839	407	1122
越南	349	481	333	560	1279
马来西亚	199	616	521	489	1830
印度尼西亚	1361	1563	1272	1451	1461
菲律宾	75	54	225	－28	32
缅甸	749	475	343	332	288
柬埔寨	560	499	438	420	626
文莱	1	9	－3	4	142
老挝	809	781	1027	517	328

4.3 小 结

“一带一路”沿线国家和地区整体投资环境差异较大，高收入国家投资环境较好，中等收入国家及最贫困国家投资环境较差，投资风险较高。资源型国家投资环境较差，投资风险比较高。沿线国家的资源禀赋状况包括技术、资源以及劳动力等，对其投资环境影响最大，其次是基础设施。

国家信息中心大数据发展部提供的数据显示，“一带一路”沿线国家中，新加坡、新西兰、韩国、阿联酋、俄罗斯的投资环境位列前5。“一带一路”沿线国家中，38个国家投资环境处于“较高”水平，31个国家处于“中等”水平，2个国家处于“较低”水平。

第5章 “一带一路”背景下房地产企业国际化发展的必要性及可行性分析

5.1 房地产企业国际化发展的必要性

“一带一路”倡议的提出将进一步推动中国企业在全球市场的影响力。“一带一路”建设不仅给投资者和房地产开发商带来巨大的机遇，也将改变中国房地产企业的海外运营思路。随着中国品牌在全球的知名度不断提高、“一带一路”沿线国家和中国关系的不断改善和中国企业在“一带一路”沿线国家的日益活跃，房地产投资、开发和商业扩张前景可观。

2019年，中国企业对“一带一路”沿线56个国家非金融类直接投资150.4亿美元，主要投向新加坡、越南、老挝、印度尼西亚、巴基斯坦、泰国、马来西亚、阿联酋、柬埔寨和哈萨克斯坦等国家。2019年，中国企业在“一带一路”沿线的62个国家新签对外承包工程项目合同6944份，新签合同额1548.9亿美元。2018年，中国全行业对外直接投资1298.3亿美元，其中，对外金融类直接投资93.3亿美元，对外非金融类直接投资1205亿美元，对外承包工程完成营业额1690.4亿美元。2018年全年，中国企业对“一带一路”沿线的56个国家非金融类直接投资156.4亿美元，占同期总额的13%，在“一带一路”沿线的63个国家对外承包工程完成营业额893.3亿美元，占同期总额的52%。

在准确市场定位和合理分配有限资源的基础上，中国房地产企业国际化扩张将进一步扩大我国房地产企业的规模，帮助中国房地产企业应对可能出现的国内房地产需求放缓，提高企业竞争力。因此，在各方面资源允许的前提下，中国房地产企业进行国际化扩张、开拓新市场是非常必要的。

5.2 房地产企业国际化发展的可行性

5.2.1 中国房地产企业国际化的优势分析

（1）中国房地产企业规模大、实力强

随着中国房地产行业的快速发展，涌现出了一大批规模大、实力强的房地产企业。这些大型房地产公司在房地产项目开发、综合设施配套、大型住宅区建设、物业管理、成本管控、开发速度、公司管理、市场拓展等方面积累了大量的经验和资本，在国际上品牌形象良好。一些大型房地产商的海外拓展经验多，并与许多世界著名企业建立了长期合作关系。例如，碧桂园、绿地、万科、首开、华夏幸福、万达等多家中国房地产企业已经在马来西亚、缅甸、越南、印度尼西亚等地确立房产项目、产业新城的投资计划，投资总规模已达上百亿美元。对中国的大型房地产企业而言，将在中国已较成熟的土地成片开发、住宅商业配套、封闭式小区、专业物业管理这些经验输出到“一带一路”沿线国家中去，在技术和管理上都有优势。

（2）一些大型房企拥有较高的国际品牌知名度

中国拥有一批在国内外市场影响力大、品牌知名度比较高的房地产企业，如恒大地产、碧桂园控股有限公司、万科企业股份有限公司、保利房地产（集团）股份有限公司、融创中国控股有限公司、中国海外发展有限公司、绿地控股集团股份有限公司等。有些企业在国际化过程中获得了多项国际荣誉，如碧桂园集团，曾荣获“亚太区房地产奖”“马来西亚最受欢迎房产”“国际皇冠品质金牌奖”“商业景观建筑大奖”“绿色建筑 LEED – CS 金级预认证证书”等国际性奖项，在国际上拥有了较高的品牌知名度。这些企业在海外扩张中可以充分利用自身的品牌优势获得更强的竞争力。

5.2.2 中国房地产企业国际化的劣势分析

（1）中国房地产企业跨国经营大多数处于起步阶段

目前，大多数中国房地产企业大规模跨国经营的时间较短，在海外开发的项目不多，很多项目目前还处于开发建设期。少数大型房地产企业在海外经营处于稳步发展阶段，如绿地、万达、碧桂园、万科等企业在至少两个以上的海外国家设立子公司，海外发展呈稳步状态。

（2）海外地产市场风险管理能力比较弱

中国大多数房地产商进入海外市场时间短，海外地产市场风险管理能力普遍较弱。房地产对外投资需满足当地市场对于来自境外投资的法律和税务要求，“一带一路”沿线不同国家和地区在法律和税收政策方面都有不同的制度和规定，房地产企业在进行房地产境外投资的过程中，面临的政治、法律风险大，必须详细分析当地市场的宏观、微观环境，再选择合适的进入方式。在法律合规方面，主要分析投资审批、规划及开发、房产产权相关制度、房产投资移民法案等。在税务合规方面，主要分析资本利得税、货物及服务税、物业税/房地产税、投资预扣税、继承税、土地税、印花税、增值税、转让税、借壳购房年度税等。不同国家的税收政策不同，投资者需要充分了解目标市场的税收政策或税收优惠。例如，美国没有增值税和印花税，但有投资预扣税制度，外籍人士出售美国房产时，需向国税局 IRS 缴纳预扣税，纳税人/卖方将预扣税额交付给买方，由买方代缴，待纳税人来年完成该房产资本利得申报和缴纳之后，由 IRS 将其预扣税额退还给纳税人；澳大利亚不设置增值税，而对类似的货物及服务税进行征收；中国香港主要为印花税（从价印花税、买家印花税和额外印花税三种），2016 年 11 月，中国香港为调控楼市，统一提高印花税至 15%，对内地购房者造成一定压力；不同于其他国家，英国有一种借壳购房年度税（ATED），对持有房产的非自然人征收年度税；等等。

（3）缺乏跨文化管理经验

中国大多数房地产商对进入海外市场尚处于探索阶段，缺乏跨文化管理经验。房地产企业在国际化管理过程中，如何将自身企业文化与当地风俗文化融合起来具有挑战性。

5.2.3 中国房地产企业国际化的机会分析

（1）“一带一路”倡议的提出给中国房地产企业带来了对外投资机会和巨大的市场需求

在基建和投资的基础上，“一带一路”将优化贸易流通，提振亚洲、中东、北非和东非大部分地区的经济。“一带一路”倡议的提出使中国对外投资进入了发展快车道，许多中国房地产企业开始在“一带一路”沿线国家寻找新的投资机遇。以2016年为例，2016年，中国对“一带一路”沿线国家直接投资额达145.3亿美元，新签对外承包工程项目合同8158份，新签合同额1260.3亿美元，占同期我国对外承包工程新签合同额的51.6%，同比增长36%。主要投资国家为新加坡、印度尼西亚、泰国、马来西亚、越南、菲律宾等，投资增长最快的是印度和巴基斯坦。从商业地产投资来看，2016年，中国海外商业地产投资总额达到383亿美元，比2015年增长了49%。自2012年以来，包括碧桂园、万科集团、绿地控股、万达、首开、中海外等十余家中国房地产企业已经在海外开设房产项目或确立投资计划，投资总规模达上百亿美元。

“一带一路”沿线国家大多数是发展中国家，国家的发展水平、城镇化程度比较低，房地产市场也普遍处于初级状态，可提升空间很大。以东南亚国家为例，东南亚国家在改善基础设施方面有着巨大的市场需求，南亚国家人口众多，孟中印缅和中国—巴基斯坦经济走廊是“一带一路”倡议中的重点区域之一，预计会出现较多项目投资机会。

（2）“一带一路”沿线海外华人数量多，海外华人对当地房地产市场的需求大

目前，有6000多万的海外华人分布于198个国家和地区。其中，印度尼西亚的华人总数有近1000万人，约占印度尼西亚总人口的5%，是世界上华人最多的国家。泰国是华人第二多的国家，泰国总人口接近7000万

人，而在泰国有900多万华人，占全国人口的13%左右。马来西亚是华人人口数量排名第三的国家，马来西亚人口超过3000万，其中，华人高达765万，占其总人口数量的23.2%。“一带一路”沿线房地产市场空间巨大，其中，海外华人对于房地产的需求量也比较大。中国房地产企业需要更加了解海外华人的房地产需求特点，使海外华人更加信任中国房地产品牌。

5.2.4 中国房地产企业国际化的威胁分析

(1) 国内外房地产行业经营模式的差异

中国房地产企业的经营模式以重资产模式为主，国外房地产企业的经营模式以轻资产模式为主。重资产模式伴随着高投入、高风险和高回报，轻资产模式则是低投入、低风险和低回报。由于中国房地产企业对国外经营模式缺乏了解，进入国外市场会面临较大的经营风险。

(2) 东道国的地方保护主义

东道国的地方保护政策是指东道国政府运用它们掌控的行政权力，有区别地对待在本国境内经营的国内企业和国外企业，实施对本国企业相对有利的政策。具体包括设置行业准入限制、对企业间的合并重组的限制以及对外资股权投资比例等进行行政干预。

(3) 区域投资存在不稳定因素

政治和社会风险是区域投资的主要不稳定因素。东道国政治风险是影响对外直接投资的最基本影响因素之一。突发性风险包括：由东道国政府为行使一国主权而制定外交、安全政策；东道国突然对某个国家、某个行业在某个时间段内作出的政策限制；不可预估的政治事件（如局部战争、政府更迭、宗教冲突等对跨国经济行为产生的影响）。不利的政治风险属于系统风险，几乎不可避免，特别对于经济体量小、市场化程度不高的国家或地区，政治因素往往会带来长期深远影响。区域投资的不稳定因素还体现在种族宗教冲突、环境规制、资本、人员与劳动力管制及政府稳定等方面的风险。

5.3 小　结

本章主要分析了中国房地产企业国际化发展的必要性及可行性。由上述分析可知，“一带一路”沿线国家的市场需求和中国的政策环境加快了我国房地产企业跨国经营的步伐，国内房地产市场需求放缓，而“一带一路”沿线市场回报率更可观。从中国房地产企业进行国际化扩张的 SWOT 分析来看，中国房地产企业国际化发展的可行性也非常强。

第6章　我国房地产行业发展现状及竞争格局分析

6.1　我国房地产行业特点

我国房地产行业具有以下特点：

第一，开发周期长，资金周转速度慢。房地产从拿地到项目开发建造，再到最后的销售回款，时间跨度比较长，至少要3~5年，资金进行一次周转的时间长，且资金回笼呈阶段性和集中性。

第二，资金需求大，高杠杆。房地产属于资产资金密集型行业，对资金的依赖极高，不管是开发商拿地、建造、出售，还是买房者购买等环节，都离不开资金的支持。外部融资成为企业获取大额资金的重要方式，如向银行、投资机构、金融公司借款，以及大力发债等方式，较高的资产负债率使得企业偿债风险增大。

第三，预售制度。房地产投资资金需求大，且营业周期长，因此，实行预售制度，可以有助于房地产行业加快资金回笼的速度，这部分提前收到的款项在会计核算中计入预收账款，等到房地产项目验收、竣工后才可以转入营业收入。

第四，流动性差，地域性明显。房地产业具有明显的地域性，一旦该商品投入“生产”，那么它就被“留置”到固定的地方而不能变动，所以在很大程度上，房地产这种商品不受供求关系的影响，不能用传统的西方经济学来解释。

第五，政策导向性强。房地产行业易受国家宏观政策调整和市场环境变化的影响。国家政策的调控影响房地产业的供需平衡；利率变动影响企业融资，房企开发贷款利率上升时，无形中增加了企业筹资成本，挤压了企业的利润空间；税收政策变动给企业带来财务核算、申报缴纳等新难题；住房贷款利率上升意味着销售者购房成本上升，购房积极性随之减弱，最终影响企业销售。

目前，中国房地产行业管理体制主要分为对房地产开发企业的资质管理和对房地产开发项目的审批管理两个方面。房地产开发企业的资质管理统一由住建部负责。根据住建部《房地产开发企业资质管理规定》，未取得房地产开发资质等级证书的企业，不得从事房地产开发经营业务；各资质等级企业应当在规定的业务范围内从事房地产开发经营业务，不得越级承担业务。其中：一级资质的房地产开发企业承担房地产项目的建设规模不受限制，可以在全国范围内承揽房地产开发项目；二级资质及以下的房地产开发企业可以承担建筑面积25万平方米以下的开发建设项目，承担业务的具体范围由省、直辖市、自治区人民政府建设行政主管部门确定。房地产开发项目的审批管理中，不同环节由不同行政部门进行审批监管。由于各城市的机构设置和各管理部门的具体管理职能并非完全一致，因此，房地产开发项目的审批管理存在一定的地区差异性。房地产开发过程中涉及的主要环节包括土地获取、规划设计、建设开发等。在我国，与房地产行业直接相关的法律主要有：《中华人民共和国土地管理法》《中华人民共和国城市房地产管理法》《中华人民共和国建筑法》《物权法》《土地管法实施条例》《城市房地产开发经营管理条例》《房地产开发企业资质管理规定》《住宅室内装饰装修管理办法》《建设工程质量管理条例》《商品房销售管理办法》《城市商品房预售管理办法》《物业管理条例》《住房公积金管理条例》等。同时，为加强房地产行业管理，我国自2003年以来连续出台了规范行业的相关政策。

6.2　我国房地产行业发展现状

截至2017年年末，我国房地产开发企业共有95897个，其中，内资房地产开发企业91608个，国有房地产开发企业943个，集体房地产开发企业319个，港、澳、台投资房地产开发企业3066个，外商投资房地产开发企业1223个。2014—2017年，我国房地产开发企业个数呈现先降后增的趋势。其中：内资房地产开发企业个数在逐年增加；国有房地产开发企业个数，集体房地产开发企业个数，港、澳、台投资房地产开发企业个数，外商投资房地产开发企业个数均逐年减少。由此可见，近4年我国房地产开发企业个数的增加主要由内资房地产开发企业增加导致。具体情况如表6-1所示。

表6-1　2014—2017年我国房地产开发企业数量变化情况

指标	2014年	2015年	2016年	2017年
房地产开发企业个数/个	94197	93426	94948	95897
内资房地产开发企业个数/个	89218	88773	90408	91608
国有房地产开发企业个数/个	1476	1329	1093	943
集体房地产开发企业个数/个	457	409	364	319
港、澳、台投资房地产开发企业个数/个	3414	3235	3232	3066
外商投资房地产开发企业个数/个	1565	1418	1308	1223

资料来源：根据国家统计局数据整理得到。

我国房地产行业从1949年以来已经经历了三次住房制度改革，分别是1949—1977年的住房实物分配，1978—1994年的公房出售与住房分配并举，1998—2003年的住房商品化，2016年以来开启了租售并举的长效机制时代。

1998年以来，房地产行业发展速度加快，其带动国民经济发展、扩大内需的行业地位得到充分肯定。随着我国人口的增加（根据国家统计局数据，截至2019年年末，中国内地总人口140005万人）、城镇化比例的增加［按照国务院制定的《国家人口发展规划（2016—2030年）》，中国的常住人口城镇化率会在2030年达到70%］、城市居民收入的不断增加、住房货币化改革的进一步深入和购房信贷业务的健康发展，住宅市场呈现出良好走势。国家房地产规范政策的相继出台、消费者品牌意识的不断强化，更为行业内的领先企业提供了发展空间。作为一个人口大国，解决“吃穿住行”中“住”的问题的房地产行业，一直在我国国民经济中占有举足轻重的地位，房地产业增加值在我国 GDP 中占很大的比重，房地产业的增长一直对国家和地方的经济增长起着很重要的作用。房地产市场的持续、快速发展，对提高居民的居住水平、改善城市居住环境、带动相关产业发展和拉动经济均做出重要贡献。从 2007 年至今，全国房价几乎全部经历了增长。一线城市中的北京、上海、广州房价上涨最快，三、四线城市房地产已经开始下滑。价格高的住宅土地大多集中在一线城市，使住宅向中高端发展。一线城市房地产市场是否能良好发展的关键在于合理的定位、良好的开发管理水平和较强的融资能力；二线城市除热点城市外，由于政府出台了一系列的鼓励购房、租房等政策，房价相对保持平稳，操作空间也比较大，但也有部分二线城市房价存在下行压力；三、四线城市的库存压力大，开发潜力小，房地产市场可能存在机会，具有一定的开发潜力。

从投资额来看，2014—2017 年中国房地产开发企业投资额如表 6－2 所示。

表 6－2 2014—2017 年中国房地产开发企业投资额

指标	2017 年	2016 年	2015 年	2014 年
房地产开发企业计划总投资/亿元	656617.38	587857.24	536853.75	493066.50
房地产开发企业自开始建设至本年年底累计完成投资/亿元	479080.01	427854.38	378089.48	330830.08
房地产开发企业本年完成投资额/亿元	109798.53	102580.61	95978.85	95035.61

资料来源：根据国家统计局数据整理得到。

由表 6－2 中可见，2014—2017 年中国房地产开发企业年度投资额呈现逐年增加的趋势。我们再来看下 2019 年的情况。2019 年 1—2 月，中国房地产开发投资 12090 亿元，其中，住宅投资 8711 亿元，占房地产开发投资的比重为 72.1%。从全国房地产开发投资增长速度来看，2019 年1—2月增速比 2018 年全年提高 2.1 个百分点。从投资分布的区域来看，2019 年 1—2 月，我国房地产开发商在中国东部地区房地产开发投资 7206 亿元、中部地区投资 2337 亿元、西部地区投资 2400 亿元、东北地区投资 147 亿元。由此可见，东部地区为房地产开发投资的重点。

从融资渠道来看，在行业发展初期，中国房地产开发企业融资渠道主要为银行的开发贷款和销售资金回笼，2016年10月以来，央行、银监会、发展改革委、上交所、深交所等监管机构发文规范房企融资，房企融资限制不断加码，意在促进房地产行业良性发展。

从资本市场监管情况来看，2016年11月，银监会及各地银监局对16个房价上涨过快的热点城市银行业金融机构进行专项检查。检查对象为截至2016年9月末的房地产相关业务，包括首付贷款、房地产开发贷、与房地产中介及房企合作、理财及信托等。在开发贷方面，检查是否严格审查房地产开发企业各项资质，项目是否符合最低资本金比例要求，对资本金来源真实性方面，检查是否存在银行资金违规用于购地等问题。2017年2月13日，基金业协会发布《证券期货经营机构私募资产管理计划备案管理规范第4号——私募资产管理计划投资房地产开发企业、项目》，监管规定内容为：第一，切实避免资金违规流入房地产调控领域，禁止私募产品，包括广义的私募基金在内向房地产开发企业提供融资用于支付土地出让价款等；第二，直接或间接投资于房地产价格上涨过快热点城市普通住宅地产项目的产品，将暂不予备案；第三，存续产品与文件不符的投资项目一律不得新增新设，而已投项目存在文件禁止情形的在相关投资项目到期后不得续期。

从市场需求来看，大数据时代，消费者对于住房等产品提出了更高的要求。智能住房、智能家居也成为消费趋势。例如，在住宅小区配置人脸识别技术，进出小区仅需要扫描人脸即可实现；与微信支付合作，实现电子报修、缴费、活动组织等功能，提供标准化、一站式的在线快捷社区服务等（涉及物业、生活、购物、社交、养老等多个方面）。房地产企业如何进行智能产品打造、特色开发成为必须要思考的问题。

从消费行为和消费习惯来看，越来越多的人选择通过互联网购买各类商品和服务。截至2018年年底，我国网民规模达8.29亿人，互联网普及率达59.6%。2018年电子商务交易额为31.63万亿元，网络零售额超9万亿元。互联网与房地产业深度融合，数字化业态不断涌现。传统商业地产在消费升级过程中受到冲击，房地产企业开始选择在有一定消费需求并且尚处在空白的区域兴建商业地产。商业地产的形态也在进一步多样化。传统商场中的零售商铺比例正在减少，取而代之的是娱乐类、服务类、文化类、体验类等多种业态的增加。商业地产必须在设计、销售等各个阶段做出相应调整。

从销售情况来看，在住房商品化的大潮中，全国商品房近年来销售额不断创出新高。表6－3显示了2019年1—2月我国房地产销售情况。

表6－3　2019年1—2月我国房地产销售情况

地区	商品房销售面积		商品房销售金额	
	绝对数/万平方米	同比增长/%	绝对数/亿元	同比增长/%
东部地区	5437	－9.7	6844	－1.2
西部地区	4368	2.2	2993	10.2
中部地区	3901	－0.6	2660	6.6
东北地区	396	－4.8	307	－2.4
全国总计	14102	－3.6	12803	2.8

资料来源：根据国家统计局数据整理得到。

表6－3中统计数据的地区中：东部地区包括北京、天津、河北、上海、江苏、浙江、福建、山东、广东、海南10个省份；中部地区包括山西、安徽、江西、河南、湖北、湖南6个省份；西部地区包括内蒙古、广西、重庆、四川、贵州、云南、西藏、陕西、甘肃、青海、宁夏、新疆12个省份；东北地区包括辽宁、吉林、黑龙江3个省份。

从数据统计来看，2014—2017年，中国房地产开发企业主营业务收入出现了逐年增长的喜人趋势。2014—2017年中国房地产开发企业经营情况数据如表6－4所示。

表6－4　2014—2017年中国房地产开发企业经营情况

指标	2014年	2015年	2016年	2017年
房地产开发企业主营业务收入/亿元	66463.80	70174.34	90091.51	95896.90
房地产开发企业土地转让收入/亿元	571.95	600.54	666.32	838.42
房地产开发企业商品房销售收入/亿元	62535.06	65861.30	85163.32	90609.15

续表

指标	2014 年	2015 年	2016 年	2017 年
房地产开发企业房屋出租收入/亿元	1464. 10	1600. 42	1786. 97	1568. 32
房地产开发企业其他收入/亿元	1892. 69	2112. 08	2474. 89	2881. 01
房地产开发企业主营业务税金及附加/亿元	5968. 43	6202. 38	6651. 62	5751. 77
房地产开发企业营业利润/亿元	6143. 13	6165. 54	8673. 23	11728. 11

资料来源：根据国家统计局数据整理得到。

根据国家统计局数据，2018 年，中国国内生产总值为 900309 亿元，2018 年，中国房地产业增加值为 59846 亿元，相较于 2017 年同比增长 10. 9%。2018 年，中国房地产行业呈现出以下情况：①房地产开发投资增速提升。2018 年，全国房地产开发投资完成额为 12. 0 万亿元，同比增长 9. 5%，增速较 2017 年提高 2. 5 个百分点；房屋新开工面积 20. 9 亿平方米，同比增长 17. 2%，增速较 2017 年提高 10. 2 个百分点。②新开工大幅增长。2018 年前 11 个月，房屋新开工面积 188895 万平方米，增长 16. 8%。2018 年房屋新开工面积增速持续攀升，明显领先于销售面积增速，全年新开工面积增速相比 2017 年大幅提升。③销售增速回落。2018 年，在“房子是用来住的，不是用来炒的”以及因城施策的政策导向下，房地产行业调控持续深化，房地产市场也经历了由热转冷的变化。2018 年上半年，中国部分城市依然成交火爆、供不应求，各地为抑制市场过热持续加码调控，部分三、四线城市也被纳入调控范围；2018 年下半年，市场氛围快速转冷，多个城市的地产项目来访量、认购率大幅下降，成交速度明显放缓。2018 年前 11 个月，商品房销售面积 148604 万平方米，商品房销售额 129508 亿元，受三、四线城市销售下行的影响，商品房销售面积增速较 2017 年大幅回落，销售额增速在房价支撑下降幅较小，年中有所回升后，下半年维持下滑趋势。④部分二、三线城市房价同比涨幅较大。⑤土地成交同比增速降低。2018 年前 11 个月成交土地规划建筑面积 10. 85 亿平方米，同比增长 8. 75%。其中，一线城市土地成交面积同比下降 12. 55%，二线城市土地成交面积同比上涨 8. 50%，三线城市土地成交面积上涨 11. 53%。2018 年下半年，土地成交同比增速持续走低，一方面由于销售的走弱导致房企拿地意愿降低，另一方面由于开发商资金压力普遍较大，土地投资趋于理性。⑥重点城市商品房成交面积同比降幅收窄。⑦行业融资渠道趋紧，按揭贷款成本上升。2018 年年末，全国主要金融机构房地产贷款余额同比增长 20%，增速较 2017 年年末低 0.9 个百分点。截至 2018 年年底，个人住房贷款加权平均利率为 5.75%，较 2017 年年底上升 0.49%。⑧各地加快培育和发展住房租赁市场。2018 年，各地继续推进住房租赁政策的细化落实，包括增加租赁住房的土地供应、支持租赁住房机构发展、打造住房租赁交易服务平台、试水“租购同权”、加大对住房租赁金融的支持力度，同时，多地加大租赁市场整顿力度，出台管控措施，规范市场秩序，促进租赁市场健康发展。

2019 年，中国房地产企业在关注规模发展的同时，一方面通过降低负债比例以及融资成本积极优化财务结构，另一方面注重盈利水平的稳定提升，注重规模与效益兼顾。从 2019 年全年情况来看，中国房地产企业的现状是：行业集中度提升，市场份额高的大型房地产企业凭借融资及拿地优势、强大的运营能力，持续扩大市场份额；很多房地产企业的发展同时关注规模增长与质量提升，一些房地产企业探索多元化布局；全国主要城市圈是房地产企业销售收入的主要目标市场；消费者在购房时，需求侧重点不同，对房子品质的要求仍然是消费者关注的重点问题。

按照发展规划，到 2020 年，我国城市化水平将达到 52% 左右，大规模城镇化进程将带来城市人口的增加和城市建设投资的增长，这一进程将推动住宅需求长期持续增长。为了抑制房地产投资过热，政府出台了多项相关政策。一系列宏观调控的紧缩政策表明，政府希望通过产业政策和信贷政策来继续加大调控力度，这将在一定程度上抑制商业银行对房地产开发贷款的投放，而融资难度的加大意味着房地产开发商的开发成本提高，无疑将加速房地产公司优胜劣汰的过程。对于上市房地产公司而言，由于大部分上市公司资本结构合理，政策本身在短期内不会对现有的项目和资金来源造成较大影响，也不会对业绩产生较大负面影响，但是如果政府出台进一步的紧缩措施，如加强控制开发贷款规模和加息，企业中长期项目开发进度和资金来源将受到不同程度的影响，业绩增长有可能低于先前预期。此外，房地产企业直接融资的渴望将进一步加强。

从房地产企业营销模式来看，当前，我国房地产企业的营销模式类型主要包括传统营销模式和新媒体营销模式。

传统营销模式主要采用开发商的自销模式、代理商的独家销售代理模式、代理商的联合销售代理模式、开发商与代理商协同销售模式。

开发商的自销模式就是开发商同时负责楼盘的开发和销售。这种模式又分为两种情况：其一是开发商自行组建销售团队，成立专门负责销售的销售部或营销部；其二是开发商成立销售代理公司，专门负责公司开发的楼盘的销售。开发商自销模式优势主要表现在节约成本，不用支付代理公司高昂的代理费用。销售人员的月薪和佣金由开发商直接支付，省去代理公司的利润部分，将该部分资金直接转为开发商的利润，从而将项目成本降低，利润提高。开发商组建的销售团队属于开发公司，便于管理和控制。总体来看，开发商的自销模式市场信息少，人才易流失。

代理商的独家销售代理模式是由一家代理公司去代理整个楼盘的销售。这种销售模式是当前房地产市场的一种主流模式，也是市场的发展趋向，在中国大城市房产销售中，独家代理的楼盘占了在售楼盘总量的70%以上。独家销售代理模式分工明确，由楼盘代理商负责营销，而开发商则集中精力做好生产及品质控制等工作，做出符合并超越市场期待的精品楼盘。

代理商的联合销售代理模式是由一家以上的代理公司去代理整个楼盘的销售。联合销售代理模式优势主要表现在：充分竞争，推动销售。劣势主要表现在：恶性竞争，管理难度加大。联合代理模式需要开发商、代理商都拥有成熟的营销管理经验，同时代理商之间要有良好的竞争心态，才能把这种模式的优势发挥出来，否则会增加开发商管理的难度。

开发商与代理商协同销售模式是指开发商自行组建团队销售，同时也委托代理公司进行销售。这种模式的优势主要表现在：存在竞争、相互促进。

从新媒体营销模式来看，其主要是通过各类新媒体进行宣传推广。很多房地产企业开始建设企业网站，也有一些企业加入房产销售平台，借助中间平台来销售房产。

我国房地产企业目前普遍具有较强的新媒体营销意识。仅从房地产企业对新媒体的关注度来看，以对西安地区大型房地产企业的调研数据分析结果为例，2020年，超过60%的被调研房地产商正准备降低传统营销的预算份额，而大幅增加新媒体营销的预算，其中互联网、手机被房地产商认为是当前最有潜力的营销媒体。

但是，新媒体时代，我国房地产营销也呈现出了很多问题：

第一，新媒体营销创新能力较弱。

数字媒体下，房地产营销的产业环境发生了巨大变化。消费者的阅读习惯在更改，年轻消费群体接受新媒体的速度快、认知度高，房地产商也急于营销创新，但是由于缺少新媒体营销的成熟经验，没有成功模式可以复制，在新媒体营销的道路上，房地产商还在不断摸索，创新速度慢，整体创新的能力也较弱。

第二，高素质新媒体营销人才缺乏。

第三，新营销运作能力不强，存在营销“短视症”。

很多房地产商认为，新媒体营销就是在线推广，只顾在网上、移动端促销，忽略了在未来发展中的房地产品牌价值塑造，缺乏新媒体运作、品牌建设、新媒体技术支持等能力。

6.3　我国房地产行业总体竞争格局分析

中国国家统计局数据显示，截至2019年年底，我国人口总数已经达到140005万人，并且多年来一直保持着5‰左右的增长速度，这也为我国的房地产发展带来了巨大的市场潜力。中国房地产行业拥有9万多家企业，近几年，国家政策不断变化，房地产行业开始由“黄金时代”迈入“白银时代”，房地产行业内出现了大量的兼并和重组，优势资源不断地向大型房企集中。中国指数研究院的数据显示：截至2017年3月，全国销售额排名前10的房企合计所占市场份额总数为31.4%，而销售额前20的房企市场份额高达40.8%。竞争越来越激烈，行业集中度上升。2018年，中国房地产市场包括万科在内的前3发展商共获得12.6%的市场份额，超过1/8；排名前10的房企合计所占市场份额总数为26.9%，超过1/4。2018年，中国房地产企业综合实力排名前10的是：中国恒大集团、碧桂园控股有限公司、万科企业股份有限公司、保利房地产（集团）股份有限公司、融创中国控股有限公司、中国海外发展有限公司、绿地控股集团股份有限公司、绿城中国控股有限公司、华夏幸福基业股份有限公司、华润置地有限公司，房地产市场格局分化日益加剧。

2019年1—3月，中国排名前100的房地产企业销售额均值达215.7亿元，规模破百亿的房地产企业增加到58家。房企销售额超过百亿元的企业均值为322.9亿元，其中，龙头房地产企业碧桂园控股有限公司、万科企业股份有限公司、中国恒大集团、保利房地产（集团）股份有限公司四家房地产企业2019年第一季度销售额均超1000亿元，均值达1357.5亿元，碧桂园销售额高达1700亿元，融创中国控股有限公司、绿地控股集团股份有限公司、中国海外发展有限公司销售额超过500亿元位列第二阵营。销售额在500亿~1000亿元、100亿~500亿元、50亿~100亿元、50亿元以下的企业分别为3家、51家、41家、1家。从销售面积来看，2019年1—3月，排名前100名的房地产企业销售面积均值达159.3万平方米。2019年1—3月，碧桂园控股有限公司、中国恒大集团、万科企业股份有限公司销售面积稳居前三名，保利房地产（集团）股份有限公司、绿地控股集团股份有限公司、融创中国控股有限公司分列其后（见表6-5）。

表6-5　2019年中国房地产企业销售情况

排名	企业名称	销售额/亿元
1	碧桂园控股有限公司	7715.0
2	万科企业股份有限公司	6312.0
3	中国恒大集团	6261.6
4	融创中国控股有限公司	5556.0
5	保利房地产（集团）股份有限公司	4698.0

续表

排名	企业名称	销售额/亿元
6	绿地控股集团股份有限公司	3880.0
7	中海地产	3387.4
8	新城控股	2747.8
9	世贸房地产	2607.8
10	华润置地有限公司	2425.0

资料来源：中国指数研究院。

从2019年中国部分房地产企业公布的年报数据来看，中国上市房地产企业2019年经营总体上趋于平稳，如碧桂园、万科总资产均接近2万亿元，中海地产净资产规模达到2891.45亿元，但是仍然有少部分企业经营业绩不理想。在"房住不炒"理念持续深入和政策调控持续收紧的影响下，中国房地产企业仍能在行业调整中把握发展机会，总资产持续保持高增速。

6.3.1 中国恒大集团

中国恒大集团（以下简称"恒大"）是以民生地产为基础，以文化旅游、健康养生为两翼，以新能源汽车为龙头的"世界500强"企业之一。目前，恒大总资产2.2万亿元，年销售规模超6000亿元，累计纳税超2600亿元，慈善捐款超154亿元，员工14万人，每年解决就业260多万人，"世界500强"排名第138位。2017年，恒大集团核心业务净利润为405.1亿元，2018年，净利润和核心业务净利润均实现大幅增长，其中核心业务净利润同比增长90%以上。2019年，恒大实现合约销售额6011亿元，核心利润408.2亿元。到2020年年底，恒大将实现总资产3万亿元，年销售规模8000亿元，年利税1500亿元，力争成为世界百强企业。

从其跨国经营情况来看，中国恒大集团从2006年开始实施国际化战略，2009年在香港上市，2013年开始不断深化与哈佛大学、英国BRE等国际顶尖机构的战略合作，2016年成为全球第一房企，国际化战略进入新的里程。

从投资战略来看，恒大近几年大举并购房地产企业，投资方向也更加多元化。恒大在2014年以前就进行了大规模的多元化投资，有着恒大足球、恒大冰泉等新的涉足领域，截至2016年，中国恒大集团已完成地产、金融、文化旅游、健康四大产业布局及房地产业向“房地产+服务业”的转型。

资产结构分析如表6-6所示。

表6-6　中国恒大集团资产和经营资产

项目	2014年	2015年	2016年
资产/亿元	47.44	75.7	135.08
经营资产/亿元	45.15	72.57	126.08
经营资产占比/%	95.20	95.90	93.30

资料来源：根据中国恒大集团年报整理得到。

由表6-6中可见，2014—2016年，恒大的资产规模不断扩大，增长速度是非常强劲的，经营资产规模从2014年的45.15亿元增长到2016年的126.08亿元，说明恒大在资产经营方面的布局在不断扩大，追求规模效应。2014—2016年，其经营资产在资产中的占比均达到了90%以上，平均占比稳定在94%，结合总资产的增长速度和构成而言，可以发现经营资产的增长速度是资产增长的主要驱动因素，显现出恒大是以经营资产为主导的企业，采用以发展经营资产为主的驱动盈利经营模式。

表6-7　中国恒大集团金融负债和股东入股资源情况

项目	2014年	2015年	2016年
股东入股总额/亿元	152.76	240.07	410.93
股东入股总额占总资产比例/%	3	3	3
金融负债总额/亿元	4149.36	6906.3	12712.8
金融负债总额占总资产比例/%	87	91	94

资料来源：根据中国恒大集团年报整理得到。

从融资战略来看，表6-7可以反映出恒大在筹资方面所采用的战略，根据股东入股资源和金融负债可以发现恒大采用负债融资比较多，2014—2016年的两个项目总额都有显著增加，但是金融负债有更为明显的增长，股东入股资源情况虽然有显著增长但在总额中占比仅有3%。恒大的筹资战略采用以金融负债为主的方式。

6.3.2 碧桂园控股有限公司

碧桂园控股有限公司（以下简称“碧桂园”）创建于1992年，总部位于广东顺德，是以房地产为主营业务，涵盖建筑、装修、物业管理、酒店开发及管理、教育等行业的国内著名综合性企业集团，下辖国家一级资质建筑公司、国家一级资质物业管理公司、甲级资质设计院等专业公司。“碧桂园”品牌于2006年获中国工商行政管理局认定为“中国驰名商标”。2019年，碧桂园连同其合营企业及联营公司，共实现归属公司股东权益的合同销售金额约5522.0亿元人民币，归属公司股东权益的合同销售面积约6237万平方米，同比分别增长10.0%和15.2%，增速远超行业平均水平。碧桂园自2017年起连续3年入选《财富》杂志“世界500强”企业，近年来公司逐步拓展内地与部分海外市场，投入巨资建设芯片研发生产基地，还向智能机器人产业方向发展。

（1）盈利能力分析

盈利能力是指企业获取利润的能力。企业盈利能力分析十分重要，主要通过企业资金利润率、销售利润率、成本费用利润率去评价。

盈利能力分析的主要财务指标如表6-8所示。

表6-8 盈利能力分析的主要财务指标

（%）

财务指标	计算公式
总资产净利率	（利润总额+利息支出）/总资产平均余额×100%
净资产收益率	净利润/资产平均余额×100%
主营业务利润率	主营业务利润/主营业务收入×100%
营业利润率	营业利润/营业收入×100%
销售毛利率	销售毛利/营业收入×100%
销售净利率	净利润/营业收入×100%
净资产收益率	净利润/股东权益平均总额×100%

笔者通过对碧桂园2015—2019年部分财务数据进行分析，研究碧桂园的总体盈利能力情况。

表 6－9　2015—2019 年碧桂园部分盈利能力指标

（%）

指标	2015 年	2016 年	2017 年	2018 年	2019 年
净资产收益率	15.21	17.01	31.82	32.20	29.95
销售毛利率	20.19	21.06	25.91	27.03	26.06
销售净利率	8.58	8.93	12.67	12.81	12.60

由表 6－9 中可见，从净资产收益率来看，碧桂园 2017 年净资产收益率提升显著。从毛利率来看，2015—2019 年，碧桂园毛利率呈现先增加再下降的情况。从净利率来看，碧桂园 2017 年之后净利率有所回升。碧桂园的净资产加权平均收益率与净资产收益率差异不大。总的来说，碧桂园盈利能力“走弱”，还需要进一步提升盈利能力。

碧桂园产品定位单一，专注房地产开发，忽视了产业链的其他环节，还一直依赖房产的延伸行业来分散风险，这样就导致风险分散的效果有限。在国内市场风险加大的背景下，笔者建议：碧桂园在国内业务上注重调节业务来分散主业压力，适度提升对房地产配套产业投资；强化成本控制，提升成本效率比率，减少成本费用；积极提升销售能力，采用有效的营销策略转化库存；同时合理分配资金成本，在有效市场调研的基础上实施海外扩张战略。

（2）营运效率分析

表 6－10　2015—2019 年碧桂园存货周转情况

（%）

指标	2015 年	2016 年	2017 年	2018 年	2019 年
存货周转率	0.67	0.68	0.58	0.55	0.49

由表 6－10 中可见，2015—2019 年，碧桂园 2016 年存货周转率高达 0.68，2016—2019 年呈现逐年降低的趋势。总体来看，碧桂园存货管理水平较强，存货流动性好。

表6－11　2015—2017年碧桂园流动资产周转情况

（%）

指标	2015年	2016年	2017年
流动资产周转率	0.49	0.40	0.34

流动资产周转率一般情况下越高越好。由表6－11中可以看出，碧桂园2015年后的流动资产周转速度有所减缓。

表6－12　2015—2017年碧桂园总资产周转情况

（%）

指标	2015年	2016年	2017年
总资产周转率	0.36	0.32	0.2

由表6－12中可见，2015—2017年，碧桂园总资产周转率整体波动不大。

总体来看，碧桂园资产周转速度快，营运效率较高。

（3）海外扩张情况

碧桂园的跨国经营主要采取以合资为主、国外独资子公司为辅的方式。2011年，碧桂园在马来西亚和澳大利亚同时获得房地产开发项目批准，开始正式计划进行海外扩张。2013年，其在马来西亚开发了金海湾项目，该项目荣获“2015年国际砖石质量优秀奖”，2013年热销100亿元人民币；同年，其在澳大利亚开发莱德花园项目，该项目在2014年全年合同销售额达到大约26亿元人民币。金海湾项目和悉尼莱德花园项目均属于碧桂园集团独资开发，通过设立独资经营分公司在当地购买土地，请世界著名的设计企业进行设计，并同一些著名的建筑商合作完成项目的建设。

2013年11月，碧桂园在新马经济特区开始动工森林城市项目。该项目总投资约1000亿美元，位于东南亚核心地区，占地约20平方千米，是一个城市发展项目。该项目由碧桂园持股60%，柔佛市官方投资公司持股40%。项目建设中，麦肯锡、SASAKI负责项目战略定位与整体概念规划，埃森哲负责统筹规划设计，华为、思科负责做通道与品牌。森林城市是国家“一带一路”重点项目库和广东省“一带一路”建设“1＋10”标志性重大项目库的成员。在“一带一路”倡议背景下，森林城市项目为中国房地产企业海外扩张和国际产能合作树立了标杆榜样，为项目当地、我国国内乃至国际带来了新的投资机会。例如，华为、华晟装饰、罗马利奥、金意陶、中建南方、中建钢构、三义建筑、广东长大公路等中国企业已经在森林城市项目落地，同时美国 SASAKI、美国埃森哲、美国名校沙特克圣玛丽学校、英国奥雅纳、德国艾巴维/普瑞集团、马来西亚 CELCOM 等与碧桂园携手打造森林城市。碧桂园在国际化过程中将马来西亚作为首选目标市场的战略定位非常精准，这是因为：位于有“亚洲门户”之称的马六甲海峡，与中国“一带一路”倡议紧密联系，经济发展潜力大；马来西亚拥有优美的自然环境，华人数量庞大，接近 765 万人；马来西亚政府鼓励外商投资，森林城市项目所选址的依斯干达经济特区是新加坡和马来西亚政府共同规划的唯一经济特区，在该经济特区进行投资可以享受各种税收减免的优惠政策。

2016 年，碧桂园与印度尼西亚的 Credo 集团正式签署合作协议，双方将在巴厘岛库塔南部的努沙杜瓦发展一个约 35 万平方米的项目，包括五星级度假酒店、别墅及公寓等。2017 年 11 月 13 日，碧桂园在印度尼西亚开发天空之城（SKY HOUSE BSD）房地产项目，该项目是碧桂园集团与国际财团的首次合作项目。

碧桂园成功进入国际市场主要取决于以下几个方面：完善的融资策略、战略定位精准（与时俱进，选择“一带一路”倡议的节点区域）、合理选择进入模式、有效规避国际化风险、运营高效。

6.3.3 保利房地产（集团）股份有限公司

保利房地产（集团）股份有限公司（以下简称“保利”）成立于 1992 年，是中国保利集团控股的大型国有房地产上市公司，国家一级房地产开发资质企业，连续 5 年荣膺中国房地产行业领导公司品牌。保利地产成立至今，从发展来看可以分为五个阶段。第一阶段：基础阶段。1992 年 9 月，广州保利房地产开发有限公司成立。第二阶段：形成阶段（1992—2002 年）。在该阶段，保利确立了“精品地产，文化地产”的市场定位。第三阶段：整合扩张阶段。2002 年 9 月，公司开始确立“立足广州，布局全国”的战略转型，分别在广州、深圳、北京、上海、沈阳、武汉等一、二线城市设立多家子公司。第四阶段：全国扩张阶段。2006 年 3 月，公司更名为“保利房地产（集团）股份有限公司”。2006 年 7 月，公司股票在上海证券交易所上市。第五阶段：全新发展阶段。2017 年全年，保利地产实现签约面积 2242.37 万平方米，截至 2017 年年末，保利地产总资产为 6836.65 亿元。公司已完成以广州、北京、上海为中心，覆盖 57 个城市的全国化战略布局，拥有 292 家控股子公司，业务拓展到房地产开发、建筑设计、工程施工、物业管理、销售代理和商业会展、酒店经营等相关行业。公司坚持以商品住宅开发为主，适度发展持有经营性物业。在住宅开发方面，保利地产逐渐形成了康居 Health、善居 Quality、逸居 Classical、尊居 Glory 四大产品系列，涵盖花园系、心语系、香槟系、公馆系、林语系、康桥系、十二橡树系等多元化优质住宅物业的先进创新格局，覆盖中高端住宅、公寓、别墅多种物业形态。商业物业囊括商业写字楼、高端休闲地产、星级酒店、商贸会展、购物中心、城市综合体等，具备多品类物业综合开发的实力。2018 年 9 月 13 日，保利地产宣布更名为保利发展控股集团股份有限公司。保利发展的定位是打造“不动产生态发展平台”，以不动产投资、开发、运营、资本运作为基础，提供基于行业生态系统的综合服务。2018 年年末，保利地产品牌价值达 642.41 亿元，连续 9 年蝉联“中国房地产行业领导公司品牌”，位列“中国房地产百强企业”综合实力第 4 名。

2018 年，保利地产实现签约金额 4048.17 亿元，同比增长 30.91%，市场占有率提升至 2.70%；签约面积 2766.11 万平方米，同比增长 23.36%。2018 年，保利地产一、二线城市及六大核心城市群销售贡献率均达 77%，其中在珠三角地区实现签约销售额 1170 亿元，较 2017 年同期增长 24%。深耕城市销售再创新高，单城签约过百亿城市 12 个，广州实现签约额 400 亿元，佛山、北京超过 250 亿元，东莞、中山等首次突破 100 亿元。在资金管理上，保利地产一方面提高销售回笼管理精细度，另一方面继续加大直接融资。2018 年公司资产负债率 77.97%，基本保持稳定；净负债 80.55%，同比降低 5.82 个百分点，资产负债结构合理，具备较强的抗风险能力；账面有息负债2636.57亿元，其中银行贷款、直接融资占比分别为71%、15%，有息负债综合成本仅占约5.03%，具备突出的规模及成本优势。

表6-13　保利地产2014—2019年主要财务数据

项目	2014年	2015年	2016年	2017年	2018年	2019年9月30日
总资产/亿元	3657.66	4038.33	4679.97	6964.52	8464.94	9752.00
营业总收入/亿元	1090.56	1234.29	1547.73	1463.42	1945.55	1118.26
营业利润/亿元	189.81	227.24	231.23	255.27	355.93	231.67
利润总额/亿元	190.32	229.01	233.11	256.99	357.80	232.70
归属于上市公司股东的净利润/亿元	122.00	123.48	124.22	156.26	189.04	128.33
基本每股收益/元/股	1.14	1.15	1.10	1.32	1.59	1.08

资料来源：根据保利地产年报整理得到。

从保利地产2014—2019年的财务数据来看（见表6-13），保利地产的营业总收入、营业利润、净利润都在逐渐增长，营业周期短、盈利能力比较稳定。保利地产近年来不断以并购整合加快资源拓展与业务布局，房地产主业突出，同时伴随多元化发展战略。在资金管理上，资产负债结构稳健，现金流管理水平高，融资体系合理、债务偿还能力较强。近年来，其销售回笼率保持在85%以上。保利地产构建了以银行信贷为主，股权融资、直接债务融资、资产证券化等为辅的多元化融资体系，保障充足的融资头寸和极具竞争力的融资成本。

笔者建议：公司应适量增加现金持有，严格监控资产质量，保证盈利能力，加强品牌建设。

6.3.4　融创中国控股有限公司

融创中国控股有限公司于2003年7月在天津成立，是香港联交所上市企业。公司业务覆盖中高端住宅、文化旅游、产业地产、商业地产、酒店、物业服务、文化娱乐内容制作发行、影视拍摄一体化服务等。公司下设四大战略板块：坚持“全国优势布局和高端精品发展战略”的融创地产集团；以“中国家庭欢乐供应商”为发展愿景的融创文旅集团；定位于“品质生活服务专家”的融创物业服务集团；聚焦内容环节，布局文化行业全产业链，致力于成为“中国文化行业领军企业”的融创文化集团。

6.3.5 中国海外发展有限公司

中国海外发展有限公司于1979年在香港成立，是中国最大建筑联合企业——中国建筑工程总公司在香港的控股子公司。1992年8月，公司在香港联合交易所上市，核心业务为房地产开发和销售，还涉及与地产有关的物业投资、物业管理、建筑设计、室内外装潢、建筑材料的进出口业务，以及基建业务等。截至2007年12月31日，公司实现166.3亿港元的营业额。

6.3.6 绿地控股集团股份有限公司

绿地控股集团股份有限公司（以下简称“绿地控股”）成立于1992年7月，是上海市国有控股特大型企业集团，也是中国首家以房地产为主业并跻身《财富》杂志“世界500强”的综合性企业集团。公司以房地产为主业，大基建、大金融、大消费等新兴产业并举发展。公司房地产项目业态多元，主要包括住宅和商办两大类。住宅项目开发完成后基本用于出售；商办项目除大部分出售外，也有部分保留，用于出租及商业、酒店运营。公司旗下企业及项目遍及北京、上海、广州等80多个国内城市以及美国、英国、德国、澳大利亚、加拿大、韩国、泰国、马来西亚等海外9国12城，实现了国内A股整体上市（600606.SH）及部分资产香港H股上市（00337.HK01365.HK），构筑起境内外资源整合的资本平台。2018年，公司实现房地产主业合同销售金额3875亿元，稳居行业前列。2018年10月，绿地控股股份有限公司登上福布斯2018年全球最佳雇主榜单。

表6-14 绿地控股2014—2018年房地产营收占比及毛利率

项目	2014年	2015年	2016年	2017年	2018年
房地产营收占比/%	52.68	48.49	59.20	52.55	46.30
毛利率/%	24.80	24.27	20.65	23.36	27.01

资料来源：根据绿地控股年报整理得到。

由表6－14中可见，2014—2018年，绿地控股房地产营业收入一直占总营业收入的50%左右，且毛利率一直在20%以上，绿地控股股份有限公司的房地产主业总体保持了较好的发展态势。

表6－15　绿地控股2014—2018年相关财务数据

项目	2014年	2015年	2016年	2017年	2018年
总资产/百万元	508958.66	600436.07	733137.86	848532.81	1036545.46
负债/百万元	447727.50	528603.13	655664.83	755080.98	927619.60
所有者权益/百万元	61231.16	71832.94	77476.02	93451.83	108925.85
营业收入/百万元	261681.70	207533.78	247400.15	290418.22	348426.46
营业成本/百万元	228428.86	176673.06	209806.60	248551.09	294933.52
利润总额/百万元	9270.99	10575.28	14440.35	19261.41	24269.38
资产负债率/%	87.97	88.04	89.43	88.99	89.49
资产报酬率/%	1.69	1.72	1.69	2.02	

资料来源：根据绿地控股年报整理得到。

从绿地控股2014—2018年的财务数据可以看出（见表6－15），绿地控股在2015年上市后营业收入一直保持稳定增长，利润总额也在不断提高。以2018年为例，2018年，其营业收入为3484亿元，利润总额为243亿元，归属于母公司股东的净利润为114亿元，经营性现金流量净额为422亿元并持续改善，房地产主业销售金额稳居行业前列，但公司在营收增长的同时，总成本也居高不下。如何避免增收不增利的局面，是绿地控股未来需要考虑的问题。

公司2014—2018年的总资产一直保持逐年增长，2018年绿地控股的总资产是2014年的两倍多，2018年年末总资产达到10365亿元。同时，绿地控股2014—2018年的负债也在逐年增长，资产负债率一直在88%左右，甚至在2018年接近90%，远远超过同行业平均值，说明公司具有一定的财务风险。绿地控股2014—2018年资产报酬率一直较低。

表6－16　绿地控股2014—2018年偿债能力相关财务指标

财务指标	2014年	2015年	2016年	2017年	2018年
流动比率/%	1.43	1.54	1.45	1.32	1.24

续表

财务指标	2014 年	2015 年	2016 年	2017 年	2018 年
速动比率/%	0.38	0.41	0.40	0.43	0.44
现金比率/%	10.0743	14.1738	14.3363	13.7202	11.9033
资产负债率/%	87.97	88.04	89.43	88.99	89.49

2013—2017 年房地产行业流动比率均值在 1.63 左右，绿地控股 2014—2018 年的流动比率还未达到行业平均值（见表 6-16）。

在海外运营上，绿地控股一方面积极调整原有房地产项目的经营模式，改善经营状况，如美国公司纽约、旧金山项目通过资本手段实现了优化调整；另一方面继续大力推动基建、商贸、酒店、旅游等业务布局海外“一带一路”沿线市场。

6.3.7 绿城中国控股有限公司

绿城中国控股有限公司成立于 1995 年 1 月，是中国领先的优质房地产开发及生活综合服务供应商。目前拥有员工 1 万余人、成员企业 300 余家，年合同销售额超过 1500 亿元人民币，总资产规模超过 2500 亿元人民币，净资产近 500 亿元。2006 年 7 月，公司在香港联交所整体上市。“绿城”品牌价值达 398.52 亿元人民币，并连续 15 年入围“中国房地产百强企业综合实力 TOP10”“中国房地产公司品牌价值 TOP10”，连续 7 年荣获“中国房地产顾客满意度领先品牌”称号。

6.3.8 华夏幸福基业股份有限公司

华夏幸福基业股份有限公司成立于 1998 年 7 月。20 多年来，公司始终致力于产业新城的投资、开发、建设与运营，已成长为中国领先的产业新城运营商。截至 2018 年 9 月底，公司资产规模近 4000 亿元。

6.3.9 华润置地有限公司

华润置地有限公司（以下简称“华润置地”）于 1994 年在北京成立，1996 年在香港联交所上市，是华润集团旗下的地产业务旗舰企业，是中国内地最具实力的综合型地产发展商之一。主营业务包括房地产开发、商业地产开发及运营、物业服务等。截至2017年年底，公司在职员工3万多人，总资产为5746亿港元，进驻境内外城市62个，开发项目超过240个。“十三五”期间，华润置地确立了在继续坚持销售物业及投资物业两大主营业务的基础上，积极拓宽购物中心+互联网生态体系建设、物业服务、老年地产、海外地产等其他业务发展模式。在销售业态方面，住宅开发已形成包括万象高端系列、城市高端系列、郊区高端系列、城市品质系列、城郊品质系列、城市改善系列、郊区改善系列、旅游度假系列的八大产品线。截至2016年年底，华润置地在营购物中心24个，已进入中国内地19个城市，总在营面积达555万平方米，合作商家超1000个，合作品牌近2500个，会员人数超过200万，包括酒店经营在内的投资物业实现营业额72.5亿港元。

6.4 我国房地产企业海外扩张现状

6.4.1 中国海外地产投资的阶段性浪潮

2005年至今，从投资主体来看：中国海外地产投资先后有四波浪潮。

第一波浪潮为2005—2006年，中国主权财富基金中投公司等开始投资海外地产项目。第二波浪潮为2007—2008年，以地产商为主的海外地产投资浪潮，如万达、碧桂园、万科、绿地及中国铁建、万通等10余家大型房企开始进行海外投资项目或投资计划。第三波浪潮为2014—2015年，以保险公司及其他金融机构为主的海外地产投资浪潮，保险公司及其他金融机构不断收购欧美市场地标建筑，如安邦保险、中国人寿、中国平安、阳光保险等不断在海外收购项目。目前，第四波浪潮兴起，投资主体多元化，各种大型房地产企业、保险资金、主权基金及高净值群体等在海外地产投资中大放光彩。

6.4.2 房地产企业海外扩张总体情况

在2020年《财富》杂志发布的“世界500强”排行榜中，有5家房地产企业登陆世界500强榜单，并全部来自中国，分别为碧桂园、恒大、绿地控股、保利集团、万科，其中，碧桂园以第147位位居全球房企第一。中国房企在海外扩张中主要以北美、欧洲、澳大利亚、东南亚国家为目标区域进行布局，其中，东南亚国家是近几年中国房企的投资重点，投资比重呈现上升趋势。德里、孟买、吉隆坡、曼谷成为中国企业商业地产投资的主要目标。在投资目标国家选择上，中国房企最青睐美国、澳大利亚、英国、加拿大、马来西亚等19个国家和地区。其中，澳大利亚、马来西亚、英国在中国房地产企业投资目的地排名中位居前3名。以2015—2016年中国房地产企业在各国家和地区投资项目数量为例，中国房地产企业投资美国的项目数为29个，投资东亚的项目共有17个（其中马来西亚项目9个，韩国项目5个，新加坡项目2个，印度尼西亚项目1个），投资澳大利亚的项目数为15个，投资英国的项目数为11个，投资欧洲（除英国）的项目数为6个（其中德国项目1个，法国项目1个，西班牙项目3个，意大利项目1个），投资加拿大的项目数为6个，投资撒哈拉以南非洲地区的项目数为3个（其中安哥拉项目2个，南非项目1个），投资西亚（俄罗斯）的项目数为2个。

中国房地产企业在海外的投资主要集中在土地开发、商业地产和住宅的开发配置，形式为在发展中国家直接开发住宅和商业地产以及在欧美发达国家购入成熟高端物业。一些中国房地产开发企业纷纷开拓海外市场，在中国房地产企业综合实力排名前10名中，已有万科、碧桂园、绿地、保利、中海、万达、华夏幸福7家房企进军海外，还有很多房地产企业如首创置业、金地集团、招商地产、万通集团、世茂、中国德瑞集团、海航集团、SOHO中国、复星、富力地产、雅居乐、新华联、上海升龙、朗诗、大华集团、泰禾等也开始布局海外市场。2014—2017年，中国房企在境外的房地产投资总额超过6050亿元人民币，其中，2017年，中资企业在海外投资地产的金额达到2700亿元人民币，同比上涨10%。

2017年，跨境投资资本来源前10名分别为：中国内地、新加坡、中国香港、英国、德国、加拿大、美国、法国、韩国、以色列。2013—2017年，中国内地购置最多土地的世界城市为：悉尼、纽约、新加坡、新山、旧金山、墨尔本、伦敦、雅典、洛杉矶、东京、温哥华、黄金海岸、奥克兰、吉隆坡、西雅图、麦阿密、布里斯班、约翰内斯堡、芝加哥。

2006—2016年，我国住宅地产海外直接投资情况如下：2013年2月，万科集团投资美国旧金山高层豪华住宅公寓项目，总投资6.20亿美元；2013年10月，上海绿地集团投资美国纽约布鲁克林大西洋广场项目，总投资49亿美元；2013年11月，上海绿地集团投资澳大利亚悉尼绿地中心项目，总投资4.29亿美元；2014年1月，上海绿地集团投资英国伦敦兰姆公馆项目，总投资9.83亿美元；2014年1月，上海绿地集团投资英国伦敦金丝雀码头综合大楼项目，总投资9.83亿美元；2014年1月，广州森大贸易集团投资加纳Villa别墅项目，总投资8.65亿美元；2014年8月，大连万达集团投资美国洛杉矶比佛利山市综合地标项目，总投资12亿美元；2016年6月，中国交建集团投资印度尼西亚雅加达西部30座公寓大楼项目，总投资10亿美元；2016年9月，碧桂园集团投资英国伯明翰住房项目，总投资7.43亿美元；2016年10月，碧桂园集团投资马来西亚新山中央公园综合小镇项目，总投资5.43亿美元。

近年来，中国企业“走出去”的模式正在逐步由产品“走出去”、企业“走出去”转向产业集群“走出去”。截至2016年年底，中国企业在“一带一路”沿线建立初具规模的合作区56家，占中国海外在建合作区总数的72.72%，累计投资185.5亿美元，入区企业1082家，总产值506.9亿美元。

2006—2016年，中国各大房地产开发商海外投资数额汇总如下：上海绿地集团2006—2016年总投资138.34亿美元（其中，住宅地产投资项目5项，投资额为76.68亿美元；商业地产投资项目4项，投资额为61.66亿美元）；大连万达集团2006—2016年总投资77.49亿美元（其中，住宅地产投资项目3项，投资额为17.30亿美元；商业地产投资项目5项，投资额为60.19亿美元）；碧桂园集团2006—2016年总投资23.72亿美元（其中，住宅地产投资项目2项，投资额为12.86亿美元；商业地产投资项目2项，投资额为10.86亿美元）；郎诗2006—2016年海外地产总投资

10.00 亿美元，全部用于投资住宅地产，共投资项目 5 项；万科集团 2006—2016 年总投资 8.58 亿美元，全部用于投资住宅地产，共投资项目 2 项；鑫苑中国 2006—2016 年总投资 7.14 亿美元，全部用于投资住宅地产，共投资项目 3 项；阳光 100 置业集团 2006—2016 年总投资 2.29 亿美元，全部用于投资住宅地产，共投资项目 1 项；雅居乐 2006—2016 年总投资 0.57 亿美元，全部用于投资住宅地产，共投资项目 1 项；上海城投 2006—2016 年总投资 30.00 亿美元，全部用于投资商业地产，共投资项目 1 项；德必 2006—2016 年总投资 25.88 亿美元，全部用于投资商业地产，共投资项目 8 项；一达国际 2006—2016 年总投资 20.00 亿美元，全部用于投资商业地产，共投资项目 1 项；上海万峰 2006—2016 年总投资 16.00 亿美元，全部用于投资商业地产，共投资项目 1 项；泽信控股 2006—2016 年总投资 15.00 亿美元，全部用于投资商业地产，共投资项目 1 项；富力地产 2006—2016 年总投资 4.22 亿美元，全部用于投资商业地产，共投资项目 1 项；泛海地产 2006—2016 年总投资 2.46 亿美元，全部用于投资商业地产，共投资项目 1 项。

我们再来看“一带一路”沿线市场。随着基础设施、多边贸易关系的改善，新的投资机遇在“一带一路”沿线市场中涌现。“一带一路”沿线各国对现代化的物业建筑需求量大，这使得房地产成为“一带一路”建设的重要组成部分。在我国深入推进“一带一路”倡议的东风下，目前已经有一批房地产企业（如万科、万达、碧桂园等）投入跨国业务，特别是进入“一带一路”沿线国家投资发展，这些大型企业把在中国较成熟的土地成片开发、住宅商业配套、封闭式小区、专业物业管理等硬件输出去，在“一带一路”沿线国家进行跨国经营有一定技术和管理优势，其跨国经营战略将进一步扩大它们的市场影响力和国际竞争力。这可能意味着国内房地产领域未来的竞争和发展将会出现微妙的变化，一味追逐“地王”的格局可能会发生改变。

表6-17 69个"一带一路"国家的地理分布

	东欧	中东	大洋洲	东南亚	南亚	非洲	中亚	东亚
国家数量/个	23	16	1	11	7	3	5	3

资料来源：https：//www.yidaiyilu.gov.cn。

表6-18 2013—2017年中国对"一带一路"国家的海外房地产投资

	新加坡	韩国	马来西亚	新西兰	捷克	俄罗斯	克罗地亚	其他
投资额/10亿美元	3.87	2.74	2.37	0.34	0.31	0.17	0.10	0.33

资料来源：Real Capital Analytics公司莱坊研究部。数据时间段为2013.9—2017.10。

表6-19 2013—2017年中国对"一带一路"国家各类资产的投资

	公寓	开发案址	酒店	工业物业	写字楼	零售物业
投资额/10亿美元	0.52	5.22	0.37	0.41	3.10	0.60

资料来源：Real Capital Analytics公司莱坊研究部。数据时间段为2013.9—2017.10。

由表6-17中可见，在与中国正式签署"一带一路"合作协议的69个国家中，东欧有23个国家，数量占比为33%。大洋洲只有新西兰1个国家，数量占比为2%。

根据Real Capital Analytics公司莱坊研究部公布的数据（见表6-18），在"一带一路"沿线国家中，经济潜力前10名是：不丹、埃塞俄比亚、印度、缅甸、卡塔尔、老挝、土库曼斯坦、菲律宾、孟加拉国、中国；制度有效性前10名是：新西兰、新加坡、爱沙尼亚、捷克、斯洛文尼亚、立陶宛、拉脱维亚、波兰、韩国、斯洛伐克；人口优势前10名是：阿曼、马尔代夫、巴林、老挝、越南、泰国、中国、孟加拉国、埃塞俄比亚、不丹；基础设施开发前10名是：新加坡、巴林、韩国、阿联酋、爱沙尼亚、中国、马来西亚、新西兰、斯洛文尼亚、立陶宛；市场可进入性前10名是：新加坡、中国、黑山、蒙古、土库曼斯坦、马尔代夫、格鲁吉亚、黎巴嫩、匈牙利、俄罗斯、越南。

从我国房地产企业对"一带一路"沿线国家的投资情况来看，只有为数不多的几个大规模住宅开发项目，对东南亚国家等发展中国家的投资力度相对比较小（见表6－19）。

中国房地产企业投资海外地产主要根据东道国的经济发展水平、技术水平等因素采用不同的投资方式，常见的投资方式包括绿地投资和企业并购两种。

针对一些发展不成熟的房地产市场，如在东南亚等发展中国家，一般选择绿地投资。绿地投资又称创建投资，是指跨国公司等投资主体在东道国境内依照东道国的法律设置的部分或全部资产所有权归外国投资者所有的企业。绿地投资有两种形式：第一种是建立国际独资企业，其形式有国外分公司、国外子公司和国外避税地公司；第二种是建立国际合资企业，其形式有股权式合资企业和契约式合资企业。中国房地产企业在海外投资时，如果房地产企业自身拥有先进技术或垄断性资源，而东道国经济不发达、工业化程度低、缺乏有效生产和经营的环境、鼓励外商投资的政策好时，可以采取绿地投资方式。由于发展中国家的房地产开发商在大型商业综合体项目开发上经验和资本都较弱，中国大型房地产商在土地成片开发、大型住宅区建设、综合设施配套、成本管控、物业管理、开发速度等方面具有成熟经验，因此，中国房地产开发商在这些国家就有一定的竞争优势。

针对发达和成熟市场，如在欧洲、美国、新加坡等国的核心城市，可以采取直接收购海外商业资产的方式，如收购酒店和写字楼资产。酒店和写字楼物业收益相对稳定，投资风险相对较低。另外，成熟市场的中国游客越来越多，收购这些酒店后可以操作的市场空间巨大。

6.5 小 结

总体来看，中国房地产行业发展成熟，国内龙头房地产企业之间竞争激烈，在“一带一路”倡议下，中国大型房地产企业纷纷开展国际化经营战略。总结如下：

第一，中国房地产企业的国际影响力在逐年提升。近5年，中国对外直接进军海外市场的房地产企业投资金额和投资项目数量均快速上涨，各大房企已经纷纷开展国际化经营，海外市场开发领域主要集中在北美、欧洲、澳大利亚及东南亚国家，均以经济发达、人口集中、市场成熟、当地投融资政策好的城市为主要目标市场。

第二，开发的物业类型以住宅为主，也包括少量商场、写字楼、酒店以及其他业态等。

第三，跨国经营的房地产企业以大型房地产企业为主，如恒大集团、绿地集团、万科集团、碧桂园集团等。中国房地产企业在海外扩张过程中，跨国经营经验较少，跨国管理难度较大，同时面临强劲的东道国本土企业竞争，跨国经营过程中面临着文化差异、金融风险和政策风险。

第四，房地产行业是资本密集型的行业，海外楼盘开发和项目运作等均需要充裕的资本储备和高效安全的资金链条。我国房地产企业在海外扩张的过程中，普遍面临着融资渠道狭窄、融资成本较高的问题。

第五，国际化经营需要具备专业知识、精通当地国家语言、了解目标市场国家文化和政策法规的管理人才和专业人才。中国房地产开发企业进行国际化经营过程中，也急需一批高端国际化专业人才。

第六，营销在房地产企业国际化战略中占有重要地位，营销战略及策略急需创新。随着互联网的高速发展，再加上手机、平板电脑等移动终端的普及，新媒体的使用越来越广泛，不仅改变了消费者的媒介使用习惯，也在更新着企业的营销思路。“互联网+”时代，我国一些房地产企业没有及时转换营销理念，在国际营销管理上缺少科学有效的规划，国际营销过于注重产品或服务本身收益，企业整体竞争力较差。许多房地产企业在海外扩张过程中，在营销方面过多地依靠传统媒体发布各种房产活动信息以聚拢消费者，较少或缺乏新媒体运作、品牌建设、新媒体技术支持等能力。

第7章 中国典型房地产企业国际化发展案例分析——以万科集团为例

7.1 万科集团经营状况分析

7.1.1 公司概况

万科企业股份有限公司（以下简称“万科”）成立于1984年5月，1988年进入房地产行业，以房地产为核心业务，1991年1月，公司发行的A股在深交所挂牌交易，是首批公开上市的企业之一。根据中国上市公司资讯网（www. cnlist. com）提供的行业分类标准，深圳万科的行业属性属于房地产业。1992年，万科正式确定以大众住宅开发为核心业务。经过30余年的发展，深圳万科已成为国内领先的城乡建设与生活服务商。万科的五大业务为：核心业务的房地产开发和物业管理、优势业务的商业开发运营与物流、拓展业务的长租公寓和冰雪度假、摸索业务的养老和教育、潜力业务的“轨道+物业”和混合所有制改革，业务覆盖珠三角、长三角、环渤海三大城市经济圈以及中西部地区，共计53个大中城市。2016年，公司首次跻身《财富》杂志“世界500强”，位列榜单第356位，2017年、2018年、2019年接连上榜，分别位列榜单第307位、第332位、第254位。2018年12月，世界品牌实验室发布“2018世界品牌500强”榜单，万科排名第447位。2018年，万科将公司定位为“城乡建设与生活服务商”，并具体细化为四个角色：美好生活场景师、实体经济生力军、创新探索试验田、和谐生态建设者。公司良好的业绩、企业活力及盈利增长潜力都得到市场广泛认可。

7.1.2 发展历程

1988 年 12 月，公司公开向社会发行股票 2800 万股，集资 2800 万元人民币，资产及经营规模迅速扩大。1991 年 1 月 29 日，公司 A 股在深圳证券交易所挂牌交易。

1991 年 1 月 29 日，公司 A 股在深圳证券交易所挂牌交易。1991 年 6 月，公司通过配售和定向发行新股 2836 万股，集资 1.27 亿元人民币，公司开始展开跨地域房地产业务。

1992 年年底，上海万科城市花园项目正式启动，大众住宅项目的开发被确定为万科的核心业务，万科开始进行业务调整。

1993 年 3 月，公司发行 4500 万股 B 股，该股份于 1993 年 5 月 28 日在深圳证券交易所上市，B 股募股资金 45135 万港元，主要投资于房地产开发，公司房地产核心业务进一步凸显。

1997 年 6 月，公司增资配股募集资金 3.83 亿元人民币，主要投资于深圳住宅开发，推动公司房地产业务发展更上一个台阶。

2000 年年初，公司增资配股募集资金 6.25 亿元人民币，公司实力进一步增强。

公司于 2001 年将直接及间接持有的万佳百货股份有限公司 72% 的股份转让给中国华润总公司及其附属公司，成为专注于房地产的公司。

2002 年 6 月，万科发行可转换公司债券，募集资金 15 亿元人民币，进一步增强了发展房地产核心业务的资金实力。

2003 年，公司进入广州、中山、大连、鞍山房地产市场，初步形成“3 + X”的区域发展模式。

2004 年 9 月，公司公开发行 19.90 亿元可转换公司债券，同期隆重举行万科集团 20 周年庆典系列活动，发布未来 10 年的中长期发展规划。

2005 年 3 月，公司与南都进行战略合作，迈出了新 10 年坚实的一步。

2006 年 1 月 18 日，公司受让北京市朝阳区国资委持有的北京市朝万房地产开发中心60%的股权，是公司环渤海区域战略布局的重要一步。同年3月，公司联手中信资本，设立中信·万科中国房地产开发基金，这是第一个专门投资于万科项目的美元基金。

2007年1月，万科在全国所进入城市开始有节奏地推行“装修房”战略。5月9日，万科下属“物业管理有限公司”统一更名为“物业服务有限公司”。10月29日，万科启用新标志，并将企业核心理念总结为“让建筑赞美生命”。

2008年9月，万科公益基金会成立，宗旨是“倡导公益与志愿精神，推动中国公益事业发展”。基金会包括壹基金在内的国内外知名公益机构。

2009年1月8日，万科成为全国首批也是唯一一家被国家税务总局认定为“总局定点联系企业”的房地产企业。同年，公司第一次公开发布《万科企业社会责任绿皮书暨2007年企业公民报告》。

2010年12月1日，万科销售额突破1000亿元，提前实现了2004年制定的千亿目标，成为国内首家年销售额超过千亿的房地产公司。

2011年12月6日，公司的《万科客户服务6+2步法》获得中华人民共和国国家版权局颁发的著作权登记书。

2012年7月，万科完成收购香港上市公司南联地产控股有限公司的75%股权，并在同年将其更名为万科置业（海外）有限公司。自此，万科旗下拥有了一家香港上市公司，成为拓展海外业务的重要平台。2012年11月26日，公司香港管理部在香港中银大厦55层举行开业仪式。

2013年6月，万科物业荣获“2013中国物业服务百强企业”第一名、“2013中国物业服务百强企业服务规模TOP10”。2013年10月，万科确立了继续贯彻“均好中提效”为未来10年的业务方针，并提出了“城市配套服务商”的转型目标。

2014年6月25日，公司完成B股转H股，在香港联交所挂牌上市。

2015年11月13日，万科事业合伙人机制因企业制度创新，获深圳市“金鹏改革创新奖”。

2016年7月，万科首次跻身《财富》杂志“世界500强”，位列榜单第

356位。

2017年，深圳地铁集团成为万科基石股东，表示将支持万科混合所有制结构和事业合伙人机制，支持万科城市配套服务商战略，支持公司稳定健康发展。未来，万科和深圳地铁集团将充分发挥各自优势，共同推进实施“轨道+物业”发展战略，全面提升城市配套服务能力，助推城市经济发展。2017年7月，万科继续跻身《财富》杂志“世界500强”，位列榜单第307位。

2018年，万科荣获“第四届香港投资者关系奖”中的“最佳投资者关系-企业交易奖”（大盘组）。2018年6月1日，万科物业连续9年蝉联“中国物业服务百强企业TOP1”。

2019年，万科业绩稳健增长，实现营业收入3678.9亿元，继续保持行业领先的信用评级。

7.1.3 万科竞争力分析

从万科集团在同行业企业中的竞争情况来看，万科的优劣势表现如下：

（1）优势

①公司定位明确；

②品牌形象良好；

③土地储备增强；

④具备了整合相关资源的强大能力；

⑤人力资源突出。

（2）劣势

①资金需求的压力日益增大；

②股权结构分散，获得的支持力度有限。

7.2 万科集团国际化战略分析

在国际化战略选择上，万科以财务投资进行轻资产管理，主要以财务投资者身份进行股权投资，与国外伙伴合作，借助合作方在当地市场的成熟经验和影响力，进行所投资项目在目标市场的逐渐渗透。这种投资十分稳健，有效控制了项目投资风险。2013年1月，万科与香港新世界联手，投中香港荃湾西六区项目，这是万科在香港的第一个开发项目；2013年4月，万科与新加坡吉宝置业签署战略合作协议，开发林曦阁住宅项目，进入新加坡市场；2013年6月，万科在美国的第一个项目——旧金山富升街201号地块奠基，合作方是美国铁狮门集团。截至2016年年底，万科已进入美国旧金山、纽约、西雅图，英国伦敦以及中国香港、新加坡6个城市。

7.3　万科集团财务分析

2019年，严监管态势持续，租赁市场强势登陆、住房需求逐渐饱和、货币政策趋于收紧，房地产投资高收益低风险的红利已渐渐消除，财务风险已成为中国众多房地产企业的重要隐患。下面对万科集团的财务状况进行分析。

7.3.1　万科主营业务分析

表7-1　深圳万科主营业务收入构成

日期	主营业务项目	主营业务收入/万元	主营业务成本/万元	主营业务利润率/%
2019-12-31	房地产及相关业务	35265353.16	22385715.70	26.90
	物业服务	1270018.52	1034137.48	
2018-12-31	房地产	28462112.54	17708590.84	29.29
	物业服务	979564.84	796995.11	
2017-12-31	房地产	23301306.18	15338519.17	25.53
	物业服务	712658.70	579263.32	
2016-12-31	房地产	23414029.66	16617491.18	19.73
	物业服务	426025.14	331879.88	
2015-12-31	房地产	19021283.58	13553036.12	19.42
	物业服务	297038.38	228339.04	

注：主营业务利润率数据已扣除税金及附加。

资料来源：新浪财经。

如表7-1所示，万科的主营业务极其突出，主营业务包括房地产开发和物业服务，同时持续拓展和城乡建设与生活服务相关的业务。2019年，公司实现营业收入3678.9亿元，同比增长23.6%。从表7-1中可见，万科集团营业收入中，来自房地产及相关业务的营业收入为3526.5亿元，占比95.9%，来自物业服务的营业收入为127.0亿元，占比3.5%。2018年，公司实现销售面积4037.7万平方米，销售金额6069.5亿元，分别增长12.3%和14.5%，所销售的产品中，住宅占比84.9%，商办占比11.5%，其他配套占比3.6%。2018年，万科实现营业收入2976.8亿元，同比2017年增长22.6%；实现归属于上市公司股东的净利润337.7亿元，同比增长20.4%；每股基本盈利3.06元，同比增长20.4%；全面摊薄的净资产收益率为21.7%，较2017年增加0.54个百分点。2018年年报显示，万科全部营业收入中，来自房地产业务的结算收入比例为95.6%。分区域看，万科集团2018年房地产业务的结算收入中，南方区域、上海区域、北方区域和中西部区域的占比分别为26.94%、29.33%、24.18%、19.55%。万科在近几年通过做“减法”，把非房地产逐步分离出去。因此，万科未来的发展将专注于房地产业，成为这个行业的领导者。2018年，万科集团在全国商品房市场的份额上升至4.05%，在24个城市的销售金额位列当地第一。

表7-1中显示，深圳万科利润的主要来源是房地产行业，因此，后面的分析在做行业比较时，将选择房地产行业上市公司指标进行对比分析。万科集团2015—2019年房地产业务收入逐年增加，且增长幅度比较大。

深圳万科堪称中国房地产业的明星企业，其业绩是有目共睹的。我们在分析其优点的同时，也关注到一个问题：深圳万科的规模一直在扩张，资金会不会成为其实现目标的“瓶颈”？下面将通过对万科财务状况，特别是资金来源与使用状况的研究来关注公司未来的发展，并提出相关建议，以期对万科及其他同类企业提供些许借鉴。

7.3.2　万科集团会计报表分析

7.3.2.1　资产负债表分析

资产负债表又称财务状况表，是反映企业一定日期（通常为月末、季末或年末）的财务状况的会计报表，它表明企业在一定日期所拥有或控制的经济资源，所承担的现有债务以及所有者对企业净资产的要求权，是企业主要会计报表之一。通过对资产负债表表格各要素项目及相应报表附注进行分析和对比，我们可以得到以下三类信息：一是企业的短期偿债能力；二是企业的资本结构和长期偿债能力；三是企业的财务弹性。下面从三个方面来对深圳万科的资产负债表进行分析。

表 7－2　深圳万科资产负债

单位：万元

资产	2019 年	2018 年	2017 年	2016 年	2015 年
流动资产					
货币资金	16619459.57	18841744.68	17412100.92	8703211.82	5318038.10
交易性金融资产	1173526.54	1190080.63	—	—	—
衍生金融资产	33225.75	1078.29	1249.37	45867.12	12219.53
应收票据及应收账款	201704.58	158873.92	143273.40	207525.68	—
应收票据	2897.00	255.84	—	—	—
应收账款	198807.57	158618.08	143273.40	207525.68	251065.33
应收款项融资	—	—	—	—	—
预付款项	9779583.14	7595089.51	7301710.69	5026254.06	3964697.28
其他应收款（合计）	23546500.74	24432414.29	16324976.59	10543500.49	—
应收利息	1185.56	—	—	—	—
应收股利	1902.44	—	—	—	—
其他应收款	—	—	16324，976.59	10543500.49	7548564.30
买入返售金融资产	—	—	—	—	—
存货	89701903.56	75030262.74	59808765.76	46736133.61	36812193.05
划分为持有待售的资产	425275.49	662463.14	691017.13	—	—
一年内到期的非流动资产	—	—	—	—	—
待摊费用	—	—	—	—	—

续表

资产	2019 年	2018 年	2017 年	2016 年	2015 年
待处理流动资产损益	—	—	—	—	—
其他流动资产	2073262.28	1458765.74	72189.35	867050.00	795660.00
流动资产合计	143898935.46	129507185.63	101755283.21	72129542.79	54702437.59
非流动资产					
发放贷款及垫款	—	—	—	—	—
可供出售金融资产	—	—	134074.94	132801.43	113881.27
持有至到期投资	—	—	—	—	—
长期应收款	—	—	—	—	—
长期股权投资	13047576.83	12952765.58	8122430.53	6170198.84	3350342.35
投资性房地产	7356467.81	5405578.48	2881130.03	2187442.43	1076505.11
在建工程（合计）	417983.95	191300.75	102241.09	76531.26	—
在建工程	—	—	102241.09	76531.26	59835.89
工程物资	—	—	—	—	—
固定资产及清理（合计）	1239983.83	1153379.87	709880.81	681079.31	—
固定资产净额	1239983.83	1153379.87	709880.81	681079.31	491747.92
固定资产清理	—	—	—	—	—
生产性生物资产	—	—	—	—	—
公益性生物资产	—	—	—	—	—
油气资产	—	—	—	—	—
使用权资产	2213535.96	—	—	—	—
无形资产	526964.72	495258.50	143750.48	126036.37	104499.11
开发支出	—	—	—	—	—
商誉	22092.08	21710.92	20634.29	20168.98	20168.98
长期待摊费用	723520.24	504430.86	206597.59	96022.63	44788.34
递延所得税资产	2342758.61	1574920.47	965100.20	719853.30	516654.08
其他非流动资产	910731.96	782513.11	1493568.60	727744.06	648696.13
非流动资产合计	29094009.58	23350750.02	14779408.57	10937878.61	6427119.18
资产总计	172992945.04	152857935.65	116534691.78	83067421.39	61129556.77
流动负债					
短期借款	1536523.18	1010191.74	1610885.87	1657658.92	190008.80
交易性金融负债	—	—	—	—	—

续表

资产	2019 年	2018 年	2017 年	2016 年	2015 年
应付票据及应付账款	26822214. 52	22959738. 21	17676958. 60	14165140. 16	—
应付票据	94127. 97	—	333018. 32	360383. 91	1674473. 29
应付账款	26728086. 55	—	17343940. 27	13804756. 25	9144645. 84
预收款项	77078. 15	25396. 51	40770593. 99	27464555. 45	21262570. 56
应付手续费及佣金	—	—	—	—	—
应付职工薪酬	689626. 14	577085. 18	493041. 40	383992. 66	264265. 72
应交税费	2510973. 11	1873086. 08	1077490. 63	955308. 41	737398. 05
其他应付款（合计）	25069846. 07	22743121. 53	18388194. 72	10695863. 21	—
应付利息	—	146366. 99	99514. 43	37837. 49	23157. 59
应付股利	37934. 78	45315. 31	—	—	—
其他应付款	—	22551439. 23	18288680. 29	10658025. 72	6235022. 43
预提费用	—	—	—	—	—
一年内的递延收益	—	—	—	—	—
应付短期债券	—	—	—	—	—
一年内到期的非流动负债	8064621. 80	6909241. 30	4616383. 77	2677329. 73	2474640. 41
其他流动负债	4785422. 71	5559268. 98	—	—	—
流动负债合计	127261028. 40	112191393. 68	84735542. 99	57999848. 55	42006182. 69
非流动负债					
长期借款	11431977. 85	12092905. 54	9602904. 47	5640606. 13	3382858. 42
应付债券	4964551. 29	4709514. 58	3232267. 19	2910837. 58	1901581. 23
租赁负债	2127736. 58	—	—	—	—
长期应付职工薪酬	—	—	—	—	—
长期应付款（合计）	—	—	—	—	—
长期应付款	—	—	—	—	—
专项应付款	—	—	—	—	—
预计非流动负债	14962. 93	14352. 78	15986. 64	11867. 24	14322. 06
递延所得税负债	28232. 84	53891. 24	26529. 97	50404. 82	55843. 08
长期递延收益	—	—	—	—	—
其他非流动负债	106543. 61	233804. 82	254066. 60	286199. 95	137807. 56
非流动负债合计	18674005. 10	17104468. 97	13131754. 88	8899915. 72	5492412. 35
负债合计	145935033. 50	129295862. 65	97867297. 86	66899764. 26	47498595. 04

续表

资产	2019 年	2018 年	2017 年	2016 年	2015 年
		所有者权益			
实收资本（或股本）	1130214.30	1103915.20	1103915.20	1103915.20	1105161.23
资本公积	1238448.45	800562.77	832926.31	826826.78	817481.26
减：库存股	—	—	—	—	16016.31
其他综合收益	-180642.66	-239874.49	23497.78	39630.93	45063.52
专项储备	—	—	—	—	—
盈余公积	7082625.41	4739324.60	3590007.18	3254076.78	2806876.67
一般风险准备	—	—	—	—	—
未分配利润	9535203.69	9172485.07	7717185.06	6120026.98	5259785.41
归属于母公司股东权益合计	18805849.19	15576413.15	13267531.53	11344476.67	10018351.78
少数股东权益	8252062.35	7985659.85	5399862.39	4823180.46	3612609.95
所有者权益（或股东权益）合计	27057911.54	23562073.00	18667393.92	16167657.13	13630961.73
负债和所有者权益（或股东权益）总计	172992945.04	152857935.65	116534691.78	83067421.39	61129556.77

资料来源：新浪财经。

（1）资产分析

①资产项目结构百分比分析

深圳万科的资产项目结构百分比分析见表 7 - 2。从表中可以看出，就各项资产占总资产的比重来看，流动资产呈一直上升趋势，从 2015 年到 2019 年一路攀升。固定资产也呈一直上升趋势，另外，固定资产所占比重较小。

②资产规模及变动趋势分析

从表 7 - 2 中可以看出，深圳万科近年来的业务规模不断扩大，总资产各年均有一定规模的增大，2017—2018 年有比较迅猛的增长。

③流动资产结构变动情况分析

从表 7 - 2 中可以看出，2017—2019 年，货币资金在流动资产中所占比重分别为 14.94%、12.33%、9.61%，呈现下降的变化趋势，万科流动资产中比重最大的是存货，这是由于新项目的运作，土地储备和存货的增加，对存货数量要进行控制。这里的存货是按房地产开发产品、非开发产品分类，房地产开发产品包括已完工开发产品、在建开发产品和拟开发产品，非房地产开发产品为库存商品及其他。

（2）负债分析

①流动负债结构变动情况分析

截至2019年年底，万科集团净负债率为33.9%。从表7-2中可以看出，深圳万科的流动负债在2015—2019年呈现一路上升趋势，2019年已高达127261028.40万元。这说明万科需要及时筹措到足够的资金来偿还要到期的流动负债。从万科的负债来看，在借款中，短期借款占了很大部分，一般采用抵押和担保的方式。

万科公司在2016—2018年短期借款逐年下降，应付账款也有下降趋势，流动资产则有增加趋势，说明万科集团的短期偿债能力比较强。从万科的流动负债率居高不下的情况来看，万科集团的短期偿债风险比较高。

②长期负债结构变动情况分析

我们来看深圳万科的长期负债结构，2015—2019年，深圳万科的长期负债一直在增长，而长期借款在长期负债中所占的比重在2015—2017年呈现上升趋势，在2017—2019年呈现下降趋势，这说明整个万科开始注重长期负债的融资方式调整。万科公司非常依赖债务融资，万科的筹资风险在房地产行业也属于较高程度。

③全部负债结构变动情况分析

从表7-2中可以看出，深圳万科的负债结构有一个明显的变化趋势，这说明深圳万科的融资方式发生了变化。万科集团有息负债以中长期负债为主，融资方式中，银行借款占比较大。万科集团通过公司债券、超短期融资券、中期票据等融资工具持续优化债务结构、降低融资成本，提升公司对财务风险的防范能力。

（3）所有者权益分析

由表7-2中可见，深圳万科的股东权益在2015—2019年一直持续上升，这说明万科公司净资产在不断升值。股东权益增加的主要原因是盈余公积增长速度较快。未分配利润一直上升，且幅度较大，这也是股东权益波动的原因之一。

7.3.2.2 利润表分析

利润是企业生产经营活动的最终财务成果。利润的多少直接关系到投资者的投资回报，关系到债权人债权的清偿和企业的资金状况。因此，利润是评价企业的财务状况、经营成果和经营者业绩的最主要的指标。

表7-3 深圳万科2015—2019年利润

单位：万元

项目	2019年	2018年	2017年	2016年	2015年
一、营业总收入	36789387.75	29767933.11	24289711.03	24047723.69	19554913.00
营业收入	36789387.75	29767933.11	24289711.03	24047723.69	19554913.00
二、营业总成本	29432107.66	23705187.85	19832384.00	20646729.40	16598826.08
营业成本	23455033.28	18610422.42	16007991.59	16974240.34	13815062.87
营业税金及附加	3290522.39	2317606.22	1972223.07	2197875.46	1798042.68
销售费用	904449.68	786807.56	626198.13	516071.59	413827.36
管理费用	1101840.53	1034080.52	886571.41	680056.19	474524.98
财务费用	573594.17	599857.47	207525.68	159206.80	47773.58
资产减值损失	—	235425.48	131874.12	119279.02	49594.61
公允价值变动收益	-6851.89	8663.46	—	—	—
投资收益	498412.68	678793.45	624456.17	501383.59	356190.81
其中：对联营企业和合营企业的投资收益	379059.82	627991.04	456916.00	493071.60	239309.25
三、营业利润	7661313.60	6749861.25	5081291.64	3902377.88	3312277.73
加：营业外收入	71473.21	47449.72	72328.80	39831.17	85543.15
减：营业外支出	78857.87	51290.83	39425.17	16847.87	17559.12
其中：非流动资产处置损失	—	—	—	354.47	184.05
四、利润总额	7653928.95	6746020.14	5114195.27	3925361.17	3380261.76
减：所得税费用	2140767.49	1818790.69	1393356.53	1090335.62	785317.96
五、净利润	5513161.46	4927229.45	3720838.73	2835025.55	2594943.80
归属于母公司所有者的净利润	3887208.69	3377265.17	2805181.49	2102260.63	1811940.62
少数股东损益	1625952.77	1549964.29	915657.24	732764.92	783003.18

续表

项目	2019 年	2018 年	2017 年	2016 年	2015 年
六、每股收益					
基本每股收益/元/股	3.4700	3.0600	2.5400	1.9000	1.6400
稀释每股收益/元/股	3.4700	3.0600	2.5400	1.9000	1.6400
七、其他综合收益	55325.70	-299328.61	-20052.93	-3894.42	-10472.17
八、综合收益总额	5568487.15	4627900.84	3700785.80	2831131.13	2584471.63
归属于母公司所有者的综合收益总额	3946440.51	3114082.51	2789048.33	2096828.04	1800822.65
归属于少数股东的综合收益总额	1622046.64	1513818.34	911737.47	734303.10	783648.98

资料来源：新浪财经。

由于其他业务收入在整个营业收入中的比重一般不大，且它在利润表中只反映为其他业务利润，因此这里主要对主营业务收入的增减变化进行分析。

从表 7-3 中可以看出，深圳万科营业总收入近 5 年一直呈上升趋势，到 2019 年达到 36789387.75 万元，2019 年比 2015 年上升了 88.13%。收入是企业利润的来源，同时也反映市场规模的大小。万科近年来积极拓展国内市场，在国内多个城市同时开发项目，业务发展迅速，年均增长率高。

从表 7-3 中可以看出，2015—2019 年，深圳万科的利润总额持续增长，而主营业务利润也增长。下面从深圳万科的收入和利润两个方面的变动趋势及构成来进一步展开分析：

（1）收入变动趋势分析

主营业务不断上升。

（2）利润构成分析

营业利润比重是指主营业务利润占利润总额的大小，反映了企业主营业务对利润总额贡献大小。通过分析利润构成，发现深圳万科在很大程度上靠营业利润的增长来保证利润增长，同时有一个明显趋势就是基本每股收益在逐年增加。其营业外收入在 2015—2019 年出现先减少、后增加、又减少、再增加的情况，深圳万科的利润一直是来源于主营业务利润，这说明万科主营业务呈上升态势。

7.3.2.3 现金流量表分析

表7-4 深圳万科2015—2019年现金流量

单位：万元

项目	2019年	2018年	2017年	2016年	2015年
一、经营活动产生的现金流量					
销售商品、提供劳务收到的现金	43273595.86	39814827.04	36840522.34	28653293.83	19190827.18
收到的税费返还	—	—	—	—	—
收到的其他与经营活动有关的现金	3711276.34	2580187.73	4385566.34	2630267.75	1915676.30
经营活动现金流入小计	46984872.20	42395014.78	41226088.68	31283561.57	21106503.48
购买商品、接受劳务支付的现金	31730074.15	25589520.92	23487635.52	17846870.00	12997942.48
支付给职工以及为职工支付的现金	1641444.25	1411837.50	924360.26	668901.35	504630.00
支付的各项税费	6128693.87	5402345.91	3975974.68	3376031.20	2504007.11
支付的其他与经营活动有关的现金	2915978.98	6629492.11	4605834.81	5435146.13	3495321.82
经营活动现金流出小计	42416191.25	39033196.44	32993805.26	27326948.67	19501901.41
经营活动产生的现金流量净额	4568680.95	—	8232283.42	3956612.90	1604602.07
二、投资活动产生的现金流量					
收回投资所收到的现金	176094.58	147271.39	336729.74	49310.12	71861.98
取得投资收益所收到的现金	291160.28	453630.57	125149.46	258272.91	109467.86
处置固定资产、无形资产和其他长期资产所收回的现金净额	9612.19	4755.24	14160.58	24737.68	427.52

续表

项目	2019年	2018年	2017年	2016年	2015年
处置子公司及其他营业单位收到的现金净额	298779.52	184348.55	319118.92	41972.52	24452.85
收到的其他与投资活动有关的现金	817728.71	1089235.67	1181998.10	282183.46	158356.40
投资活动现金流入小计	1593375.28	1879241.41	1977156.80	656476.69	364566.60
购建固定资产、无形资产和其他长期资产所支付的现金	624419.20	589674.95	236048.12	214678.56	206300.13
投资所支付的现金	2792496.93	4729523.39	4683322.80	3177113.29	1171343.40
取得子公司及其他营业单位支付的现金净额	903261.61	1854169.64	2131572.89	1464674.49	516258.33
支付的其他与投资活动有关的现金	135871.00	1442317.04	87536.29	138915.37	565412.86
投资活动现金流出小计	4456048.74	8615685.01	7138480.10	4995381.70	2459314.72
投资活动产生的现金流量净额	-2862673.46	-6736443.60	-5161323.30	-4338905.01	-2094748.12
三、筹资活动产生的现金流量					
吸收投资收到的现金	1181428.45	1949129.95	1425382.27	973525.02	429604.62
其中：子公司吸收少数股东投资收到的现金	517088.25	1949129.95	1425382.27	973509.88	405351.09
取得借款收到的现金	7901690.79	9605299.23	9457576.69	6877457.32	2291009.95
发行债券收到的现金	7901690.79	3898278.98	1062040.00	1164576.23	792419.00
收到其他与筹资活动有关的现金	1795891.09	1478075.62	432456.00	—	—
筹资活动现金流入小计	12339353.68	16930783.78	12377454.95	9015558.57	3513033.58
偿还债务支付的现金	10071556.12	7385437.12	4125431.97	3882621.97	2502857.64
分配股利、利润或偿付利息所支付的现金	3682290.75	4024933.86	1913437.63	1602645.72	1318100.74
其中：子公司支付给少数股东的股利、利润	1114748.24	1635015.11	320189.06	330979.56	242440.36

续表

项目	2019 年	2018 年	2017 年	2016 年	2015 年
支付其他与筹资活动有关的现金	987704.93	281906.63	—	—	—
筹资活动现金流出小计	15673174.72	12451018.97	6850965.33	5885893.51	4023424.65
筹资活动产生的现金流量净额	-3333821.04	4479764.81	5526489.62	3129665.06	-510391.08
四、汇率变动对现金及现金等价物的影响	34862.34	29076.07	-113850.50	26866.43	9967.27
五、现金及现金等价物净增加额	-1592951.21	1134215.62	8483599.24	2774239.38	-990569.85
加：期初现金及现金等价物余额	17566816.35	16432600.74	7949001.49	5174762.12	6165331.97
六、期末现金及现金等价物余额	15973865.15	17566816.35	16432600.74	7949001.49	5174762.12

资料来源：新浪财经。

（1）现金流量结构分析

从表 7-4 中可以看出，在深圳万科现金总流入中，经营活动流入的现金流量占大多数，2015—2019 年来分别为 21106503.48 万元、31283561.57 万元、41226088.68 万元、42395014.78 万元、46984872.20 万元，其次是长期借款。经营活动流入的现金在逐年上升，投资活动的现金流入在 2017 年大幅增加，2017—2019 年开始逐年减少。筹资活动的现金流入在 2015—2019 年呈高速增长的趋势，2019 年较 2018 年有所下降。

在投资活动现金流出中，投资所支付的现金占的份额较大，其次是取得子公司及其他营业单位支付的现金净额。深圳万科的投资活动主要包括两个方面：一是维持和扩大原来的经营规模；二是投资权益性的活动。

筹资活动的流出现金主要用于偿还债务、分配股利和偿付利息。万科的资金来源为银行授信和发行可转债。

（2）现金流量质量分析

分析企业的现金流量的质量，主要是分析企业的经营活动产生的净现金流、投资活动产生的净现金流和筹资活动产生的净现金流。

根据表7－4，万科集团2015—2017年的经营活动现金流量净额增幅较大，经营状况整体良好，经营性的现金流量风险比较低。

7.3.3　万科集团偿债能力分析

企业的发展仅靠内部资金的积累是不够的，尚需对外筹集资金。现代企业对外筹集资金的来源主要是通过股权和债权两种形式。股权筹资是一种权益性的资金来源，不需要还本，可能存在的压力只是股利的支付，而企业是完全可以控制是否发放以及发放多少股利的。债权筹资对于企业而言是债务性质的资金来源，不仅需要到期还本，还需要按期支付利息，否则债权人可以要求企业破产还债。从这个角度来说，债权融资比股权融资对企业而言更有压力。但是，企业不对外负债又几乎是不可能的，而且适当的负债可以通过利用债务杠杆提高企业的获利水平。企业对负债“爱恨交织”，如何控制好负债的程度是企业的一个重要课题，企业是否具有到期还债的能力在某些时候很可能关系其生死存亡。上市公司清偿债务的能力主要由公司资产的流动性来保证，即公司的资产变换成现金的能力和速度。上市公司的资产变换成现金越容易，说明资产的流动性越好，则偿债能力越强（见表7－5）。

表7－5　2015—2019年万科偿债能力及资本结构

指标	2019年	2018年	2017年	2016年	2015年
流动比率/%	1.1307	1.1543	1.2009	1.2436	1.3022
速动比率/%	0.4259	0.4856	0.495	0.4378	0.4259
现金比率/%	13.0593	16.7943	20.5488	15.0056	12.6601
利息支付倍数	1434.3805	1224.6038	2564.3675	2565.5739	7175.588
长期债务与营运资金比率/%	0.6871	0.6984	0.5642	0.3992	0.2664
股东权益比率/%	15.641	15.4144	16.0187	19.4633	22.2985

续表

指标	2019 年	2018 年	2017 年	2016 年	2015 年
长期负债比率/%	6.6083	7.9112	8.2404	6.7904	5.5339
股东权益与固定资产比率/%	2182.1181	2042.8719	2629.6519	2373.8289	2771.9409
负债与所有者权益比率/%	539.3433	548.7457	524.2687	413.7876	348.4611
长期资产与长期资金比率/%	75.5887	65.4909	52.2789	50.1547	37.7759
资本化比率/%	29.7012	33.9165	33.9682	25.8645	19.883
固定资产净值率/%	76.5863	78.6973	79.9413	82.8436	82.9694
资本固定化比率/%	107.525	99.1031	79.1723	67.6528	47.1509
产权比率/%	512.5784	527.4761	505.3649	393.6282	332.9849
清算价值比率/%	124.3509	122.5921	123.3759	130.3281	134.4489
固定资产比重/%	0.7168	0.7545	0.6092	0.8199	0.8044
资产负债率/%	84.359	84.5856	83.9813	80.5367	77.7015
总资产/元	1729929450401.2	1528579356474.8	1165346917804.6	830674213924.14	611295567689.29

资料来源：新浪财经。

（1）流动比率

流动比率 = 流动资产/流动负债

流动比率表示企业每一元流动负债有多少流动资产作为偿还的保证，反映企业可用在一年内变现的流动资产偿还流动负债的能力。该指标值越大，企业短期偿债能力越强，企业因无法偿还到期的流动负债而产生的财务风险越小。但是，该指标过高，则表示企业流动资产占用过多，可能降低资金的获利能力。该指标值一般以 2 为宜。

2019 年，万科公司的流动比率为 1.1307，2018 年，万科公司的流动比率为 1.1543，2017 年，流动比率为 1.2009。万科公司所处行业的主营业务为房地产开发与经营业，从同行业企业披露的财务数据可以看出，该行业的流动比率均小于 2，指标比较小，与行业性质有关。

（2）速动比率

速动比率 = （流动资产 - 存货）/流动负债

从表7-5中可以看出，该行业的速动比率均小于1。

（3）资产负债率

资产负债率=负债平均总额/资产平均总额

资产负债率反映在总资产中有多大比率是通过借债来筹资的，指标值以不高于70%为宜。万科集团2015—2019年资产负债率基本保持稳定。

房地产行业公司扩张的资金来源的主要部分是借款，万科资产负债率较高，管理者应重视。

（4）负债权益比率

负债权益比率=负债总额/股东权益

负债权益比率反映所有者权益对债权人权益的保障程度，从另一个角度反映企业的长期偿债能力。这一指标应该与资产负债率结合使用。

负债权益比率高，说明被审单位总资本中负债资本高，因而对负债资本的保障程度较弱。万科公司的负债权益比率在2015—2018年逐年增加，2018年达到5.49，应引起万科公司管理者的重视。

（5）债务与有形净值比率

债务与有形净值比率=负债总额/（股东权益-无形资产及其他资产合计）

债务与有形净值比率指标反映公司债权人的权益由所有者提供的有形资产的保障程度，这是一个保守的衡量长期偿债能力的指标。

（6）已获利息倍数

已获利息倍数指标是指企业经营业务收益与利息费用的比率，用以衡量偿付借款利息的能力。由于我国会计报表中未对利息费用单独列示，而且资本化利息也比较难获取，所以在计算这一比率时，将财务费用约等于利息费用进行计算。

深圳万科的已获利息倍数比较稳定，说明万科经过多年的发展，对于债务的生成和偿还都形成了比较完善的管理方法，使其能够在企业可以控制的范围内波动。

7.3.4 万科集团营运能力分析

企业的营运能力主要是指企业利用资产的能力，目的是帮助分析企业的盈利能力和风险水平以及预测企业未来价值的发展变化趋势。

表7-6 2015—2019年万科营运能力财务指标

指标	2019年	2018年	2017年	2016年	2015年
应收账款周转率/次	205.8576	197.2095	138.4822	104.8766	88.7906
应收账款周转天数/天	1.7488	1.8255	2.5996	3.4326	4.0545
存货周转天数/天	1264.0449	1304.3478	1198.0033	886.0448	893.522
存货周转率/次	0.2848	0.276	0.3005	0.4063	0.4029
固定资产周转率/次	30.7428	31.9525	34.9251	41.0081	54.125
总资产周转率/次	0.2258	0.221	0.2434	0.3335	0.3493
总资产周转天数/天	1594.3313	1628.9593	1479.0468	1079.4603	1030.6327
流动资产周转率/次	0.2691	0.2574	0.2794	0.3792	0.3865
流动资产周转天数/天	1337.7926	1398.6014	1288.4753	949.3671	931.436
股东权益周转率/次	1.4536	1.4098	1.3946	1.614	1.5507

资料来源：新浪财经。

本书主要从以下七个方面来分析公司营运能力（见表7-6）：

（1）存货周转率

存货周转率=主营业务成本/存货平均余额

随着企业规模和销售收入增长，存货一般呈增长状态。

深圳万科2018年较2017年存货周转率下降，地产存货的增长快于其结算增长的速度，所以出现了存货周转率的下降，但是下降的幅度不大。

（2）存货周转天数

该指标与存货周转率作用相同。万科公司2015—2019年存货周转天数呈现先下降、再增长、再下降的趋势。

（3）应收账款周转率

应收账款周转率=主营业务收入/应收账款平均余额

应收账款周转率反映应收账款的周转速度，也就是年度内应收账款转为现金的平均次数，它可说明应收账款流动的速度。

深圳万科2015—2019年应收账款周转率在逐年增长。

（4）营业周期

营业周期＝存货周转天数＋应收账款周转天数

营业周期反映从取得存货开始到销售存货并收回现金为止的这段时间。房地产企业的营业周期较一般流通型行业要长。

（5）流动资产周转率

流动资产周转率＝主营业务收入/平均流动资产

流动资产周转率反映企业流动资产的运营效率。在一定时期内，流动资产周转次数越多，表明以相同的流动资产在一定时期内产生的收入越多，流动资产的利用效果越好。

深圳万科流动资产的构成主要是存货与应收账款，所以，流动资产周转率与存货周转率和应收账款周转率反映的结果相近。

（6）总资产周转率

总资产周转率＝主营业务收入/平均资产总额

总资产周转率用来分析企业全部资产的运用效率。

深圳万科的总资产周转率比较稳定，且数值较高。

小结：以上各项营运能力的指标分析表明，深圳万科营运能力水平比较稳定，指标数值接近行业平均水平，具有较好的营运能力，可以支持企业的发展、扩大，得到较好的获利能力。

7.3.5　万科集团盈利能力分析

表7－7　2015—2019年万科盈利能力财务指标

指标	2019年	2018年	2017年	2016年	2015年
总资产利润率/%	3.1869	3.2234	3.1929	3.4129	4.245
主营业务利润率/%	27.3009	29.6961	25.976	20.2747	20.1576
总资产净利润率/%	3.3839	3.658	3.7283	3.9322	4.6351
成本费用利润率/%	26.1	28.8924	25.9597	19.1225	20.4255
营业利润率/%	20.8248	22.6749	20.9195	16.2276	16.9383
主营业务成本率/%	63.7549	62.5184	65.9044	70.5856	70.6475

续表

指标	2019 年	2018 年	2017 年	2016 年	2015 年
销售净利率/%	14.9857	16.5521	15.3186	11.7892	13.27
股本报酬率/%	521.3387	474.6233	353.1939	269.5925	243.9356
净资产报酬率/%	21.7764	22.2367	20.8865	18.4076	19.7776
资产报酬率/%	3.4061	3.4277	3.3458	3.5827	4.4101
销售毛利率/%	—	37.4816	34.0956	29.4144	29.3525
三项费用比重	7.0126	8.1321	7.0824	5.636	4.7872
非主营比重	6.4154	10.0052	12.8536	13.3584	12.5486
主营利润比重	131.2245	131.0388	123.3722	124.2079	116.6125
股息发放率/%	0.0069	0.0092	—	—	—
投资收益率/%	—	—	—	—	—
主营业务利润/元	100438320834.32	88399044622.08	63094963659.74	48756078900.84	39418074497.55
净资产收益率/%	20.67	21.68	21.14	18.53	18.09
加权净资产收益率/%	22.47	23.24	22.8	19.68	19.14
扣除非经常性损益后的净利润/元	38314387512.31	33490078355	27279538697.37	20929278864.67	17615950216.12

资料来源：新浪财经。

(1) 销售净利率

销售净利率是指企业一定时期销售净利润同销售收入净额的比率。它反映每一元销售收入带来的净利润的多少，表示的是销售收入的收益水平。通过分析销售净利率的升降变动，可以促使企业在扩大销售的同时，注意改进经营管理，提高盈利水平。

如表 7-7 所示，深圳万科的销售净利率在 2016—2018 年稳中有升。

(2) 销售毛利率

销售毛利率指毛利占销售收入的百分比，其中毛利是销售收入与销售成本的差。它表示每一元销售收入扣除销售成本后，有多少钱可以用于各项期间费用和形成盈利。

深圳万科 2015—2019 年的销售毛利率逐年增加。

（3）总资产净利润率

总资产净利润率表明企业资产利用的综合效果，指标数额越高越好。深圳万科的总资产净利润率处于比较平稳状态，但2015—2019年有下降趋势。

（4）净资产报酬率

净资产报酬率 = 净利润/平均净资产总额 × 100%

其中，净资产平均总额 =（期初净资产总额 + 期末净资产总额）/2。

净资产报酬率反映了企业总资产获取收益的能力。

（5）每股净资产

表7－8　2015—2019年万科每股净资产对比

指标	2019年	2018年	2017年	2016年	2015年
每股净资产_ 调整前/元	23.9405	21.3441	16.9102	14.6457	12.3339
每股净资产_ 调整后/元	16.64	14.11	12.02	10.28	9.08

资料来源：新浪财经。

每股净资产 = 股东权益/总股本

深圳万科2015—2019年的每股净资产在逐年增加，这表明万科经营情况不错，股东的权益在不断增大，投资价值比较高（见表7－8）。

（6）每股收益

表7－9　2015—2019年万科每股收益

指标	2019年	2018年	2017年	2016年	2015年
每股收益_ 调整后/元	3.47	3.06	2.54	1.9	1.64

资料来源：新浪财经。

每股收益 = 利润总额/年末普通股股份总数

每股收益表明普通股每股能分得的利润。每股收益越大，企业越有能力发放股利，从而使投资者得到回报，通常这个指标越大越好。

深圳万科的每股收益在2015—2019年呈上升趋势，且增长情况良好，2019年较2018年增长了13.40%，2018年较2017年增长了20.47%，2017年较2016年增长了33.68%，2016年较2015年增长了15.85%（见表7－9）。

7.3.6 万科集团获现能力分析

万科集团具备很强的现金流管控能力。万科集团在2015—2019年期末现金及现金等价物余额一直为正值且保持逐年增长率较高的势头，现金流本身安全性还是很高的。其在2015—2019年现金流持续优化主要有两个方面原因：第一，公司规模的持续提升；第二，万科集团对现金流管理诉求的强化。

7.3.7 万科集团成长能力分析

表7－10 2015—2019年万科成长能力财务指标

指标	2019年	2018年	2017年	2016年	2015年
总资产增长率/%	13.1724	31.1695	40.2893	35.8875	20.237
净资产增长率/%	14.8367	26.2205	15.4613	18.6098	17.6162
主营业务收入增长率/%	23.5873	22.5537	1.0063	22.9754	33.5828
净利润增长率/%	11.8917	32.4225	31.2453	9.2519	34.54

资料来源：新浪财经。

如表7－10所示：

（1）主营业务收入增长率

深圳万科2015—2019年的营业收入均为正的增长，2017—2019年呈现逐年增长的趋势，但是2017年增长率较低。

（2）总资产增长率

总资产增长率是从企业资产总量扩张方面衡量企业的发展能力，表明企业规模增长水平对企业发展后劲的影响。深圳万科总资产增长率的变化在2015—2017年呈现持续增长趋势，2018年开始增长放缓。

（3）净资产增长率

万科净资产增长率在2015—2019年均为正增长，所有者权益规模加速扩大。2018年，净资产增长率达到近5年内最高值。

（4）净利润增长率

万科净利润增长率在2015—2019年均为正增长，2019年增长放缓。

成长能力分析小结：

深圳万科2019年的表现比前4年更好，成长能力更强，但仍应得到董事会和管理层的重视。

通过上面的具体分析，我们对深圳万科的财务状况已经有了一个全面的把握。综合起来，可得出如下结论：

万科的各项财务指标在房地产行业以及整个上市公司中都是很好的，各项指标一般来说都很平稳，同时有所进步，与同行业的主要竞争对手相比，各项指标占优。万科的融资方式主要是银行借款和股权融资。总体来看，深圳万科2015—2019年基本保持了平稳发展的势头，企业规模维持稳定，成长能力有所提升，盈利能力维持稳定，偿债能力有所提升，运营能力有所提升。

综合万科2015—2019年的年报，我们发现，万科的存货在总资产中的比重相当大，2019年，万科集团存货金额为8970.2亿元，较2018年年底增长19.6%。其中，拟开发产品2076.1亿元，占比23.1%；在建开发产品6222.2亿元，占比69.4%；已完工开发产品（现房）660.3亿元，占比7.4%。可以看出，万科的存货增长主要体现在在建开发产品上。经过我们前面的分析，说明了万科未来发展前景比较广阔。万科已完工开发产品和在建开发产品则根据楼盘的开工、竣工周期而波动，但总体来说也呈增长的趋势。在西方发达国家，企业存货的计价值常以成本与市价的较低者作为依据，尽量以跌价准备剔除存货对资本的虚增，从而使其会计报表中存货一项更为真实可信。但在我国，房地产开发企业很少计提存货跌价损失，万科也不例外。

图7－1为对深圳万科财务状况作杜邦分析。

通过杜邦分析体系，可以得出如下结论：①深圳万科的权益净利率在平稳增长，反映在总资产利润率和权益乘数上也是基本呈上升趋势。2015—2019年，万科集团的销售净利率分别为13.27%、11.7892%、15.3186%、16.5521%、14.99%。进一步地分解后，同样证明深圳万科发展步伐稳健。对万科2019年取得的业绩，本书认为，主要原因在于，一是

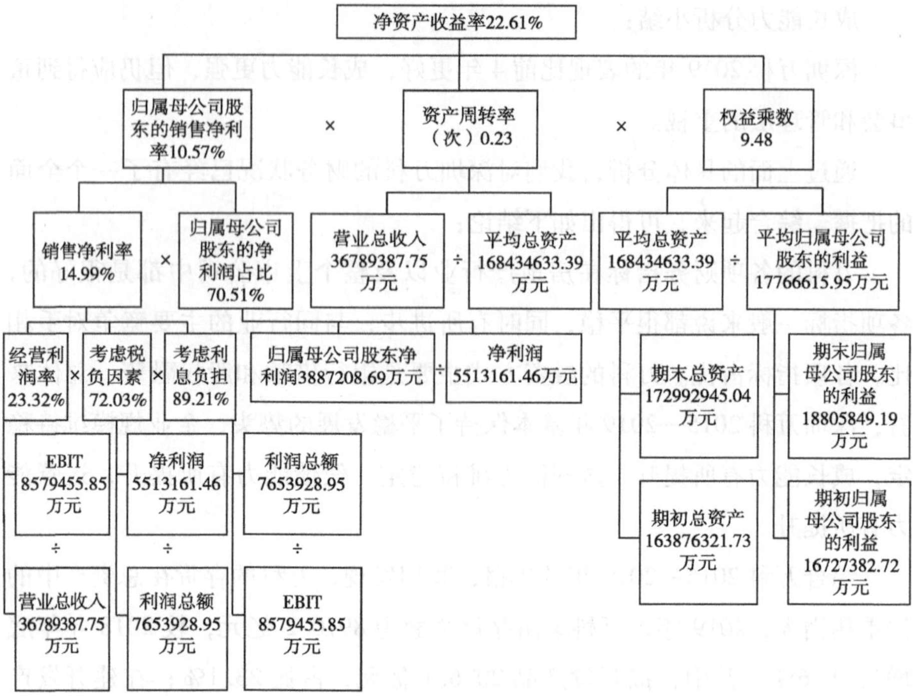

图7-1　深圳万科2019年财务状况杜邦分析

其各项经营指标创出新高，二是其是在国家出台了一系列调控政策、行业经营环境趋于严峻的形势下取得的。②深圳万科的存货、应收账款余额较高，使流动资产余额较高。

7.4　小结及相关建议

从上面的分析可以看出，深圳万科的各年财务业绩保持稳步增长，效益更是获得长足进步。以2019年万科财务状况分析结果为例，万科企业规模维持稳定，成长能力有所提升，盈利能力维持稳定，偿债能力有所提升，运营能力有所提升。但同时企业也存在一些亟须解决的问题，问题是多方面的，既有行业方面的，也有自身经营战略和管理水平的问题。针对上面的分析，本章对深圳万科的财务状况进行总结并提出一些建议。

7.4.1 小　结

（1）经营状况分析

万科集团核心业务为房地产开发和物业管理。近年来，万科在住宅开发和物业服务业务的基础上，积极拓展业务，已经进入商业开发和运营、租赁住宅、物流仓储服务、标准办公与产业园、冰雪度假、教育等领域。公司近年来持续强化产品竞争力，销售业绩稳步增长。

万科在2015—2019年主营业务收入增长率分别为33.5828%、22.9754%、1.0063%、22.5537%、23.5873%。目前，万科已成为中国内地市值最大的房地产上市公司，2019年，万科在全国商品房市场的份额上升至4%，在21个城市的销售金额位列当地第一，在12个城市排名第二。总体来看，万科2019年销售规模上升，2019年，万科集团实现销售面积4112.2万平方米，销售金额6308.4亿元，分别增长1.8%和3.9%。所销售的产品中，住宅占86.4%，商办占10.0%，其他配套占3.6%。

万科的各项财务指标在房地产行业以及整个上市公司中都是很好的，各项指标一般来说都很平稳，同时有所进步，充分表现了万科立足于稳健上升的经营风格。

万科的存货问题需要加以重视，特别是已完工开发产品这一部分。如果解决不好，很可能为其埋下隐患。在存货的分析中我们也发现，万科的土地储备大幅增长，这为其高速扩张奠定了坚实的基础。

万科具备很强的现金流管控能力。

（2）公司趋势分析

公司2015—2019年年报分析显示，万科集团的财务状况总体上较令人满意，融资能力强，但融资风险高，财务结构不稳定，现金管控能力强、偿债能力较强，成长能力有所提升，盈利能力维持稳定，但资产负债管理能力无太大改善。

7.4.2 关于财务方面的建议

（1）再融资问题

上市公司利用证券市场进行再融资，是其持续发展和快速扩张的重要途径，也是证券市场发挥优化资源配置功能的手段之一。现代企业融资主要有三种渠道：内部自有积累资金、发行债券和发行股票。由于在我国股票市场募集资金的成本极低，而国有股绝对控股又相对保障了管理层的地位不会因股本扩张而削弱，我国上市公司的融资顺序一般为留存收益、发行股票和负债，因此，上市公司为达到配股融资的目的，采用各种办法来操纵净资产收益率（证监会对上市公司配股权仅凭净资产收益率来决定）。

从前面的分析中我们知道，2015—2019 年，万科集团的净资产收益率分别为 18.09%、18.53%、21.14%、21.68%、20.67%。2018 年的公司净资产收益率是 2015—2019 年的最高点。万科举债融资是首选，这既可优化资本结构，使公司的净资产利润率增加，又有“税盾”的作用，因为根据财务杠杆的原理，提高适当的负债比例，可以使公司的净资产利润率增加。另外，从资金成本上看，无论是贷款还是发行债券，其利息为税前成本费用，可以间接降低资金成本。债券融资因具备到期偿还的特点且所受约束较少，灵活性大，企业可以通过分散债券到期日来提高融资结构的弹性，所以在优化融资结构上，这种手段具有一定的优势，应该重点考虑。从前面的财务分析来看，深圳万科的已获利息倍数比较稳定，说明万科对于债务的生成和偿还都已形成比较完善的管理方法，偿债能力较强。所以，发行可转债应是深圳万科第一考虑的筹资途径。深圳万科在业界具有良好的信誉，因此，发行可转债是可行的。争取银行授信是深圳万科第二个应着重考虑的筹资途径。此外，建议万科与国际投资机构合作，开辟国际化的融资渠道，良好的融资必将为进入行业整合、战略结盟阶段的万科打造一条坚韧的资金链条。

（2）存货管理问题

在房地产行业中，已完工开发楼盘、未完工开发楼盘和土地储备占了总资产很大的一部分，这些都计入企业的存货。存货不仅说明一个房地产开发商的实力，而且可以揭示房地产开发商未来的发展空间和风险，因此，存货对于房地产行业有着重要的意义。从前面的分析可以看出，近年万科的存货不断上升。2019 年，万科集团存货金额为 8970.2 亿元，较 2018 年年底增长 19.6%。其中，拟开发产品为 2076.1 亿元，占比 23.1%；在建开发产品 6222.2 亿元，占比 69.4%；已完工开发产品（现房）660.3 亿元，占比 7.4%。存货过多将增加企业管理的困难，且占用公司大量流动资金，如何加强存货管理，是当务之急。如何采取各种营销手段，销售其现房和期房，也将是万科面临的一个严峻考验。建议万科应运用完整的战略与战术思想，如快速客户反应（ECR）战略、适时管理（JIT）方法等，同时，对原材料等实行供应链管理，必须转变传统观念，将企业间传统的对立关系转变为合作关系。

（3）应收账款的管理问题

从上面的分析可以知道，施工管理、费用控制方面是万科的较弱项，所以应收账款的管理需要着重考虑。首先，对应收账款的账龄进行分类分析，根据账龄情况提取坏账准备；其次，对债务人的构成进行分析，对信用较差、时间较长的应收款采取有力措施，尽早追回，必要时做提取坏账准备，对临时性的债务人信誉状况应特别注意；再次，对形成债权的内部经手人构成进行分析，对于形成债权具有重大影响的内部经手人，要对其作出合理的安排，以便收回债权；最后，建立折让制度，在规定时间内提前偿还债务的，给予折让，提前时间越多，折让越大，在规定时间内不能偿还的，给予罚款。

（4）提高企业盈利水平问题

从行业发展趋势分析可知，由于房地产业竞相逐鹿者越来越多，蚕食市场空间的战争将愈演愈烈。虽然万科被机构投资者公认为地产股的龙头，但市场经济规律是无情的。2020 年，受新冠肺炎疫情影响，企业的经营环境发生深刻变化；各种内外部因素、长短期因素交织叠加，增加了经营的复杂性和不确定性。万科如何在未来的发展中继续脱颖而出，保持行业领先地位，是应该认真思考的问题。万科要想提高盈利水平，必须加强经营管理，降低经营费用和经营成本，从而取得在价格上的竞争优势。同时，万科应进行战略调整（城市经济圈聚焦），加强服务特色和产品创新，并重视对竞争对手和消费者（客户细分）的研究，进一步强化定位意识。

7.4.3 关于企业发展的其他方面建议

万科的运营、扩张、终端、融资、管理等能力都非常强，未来万科具备开发销售规模突破的势能。建议万科在国内市场做好主流盈利模式（在一个城市的非主流的地段，通过大规模精心开发，依靠万科的品牌提升片区的价值，从而创造出高附加值），多元化要谨慎。多元化业务的发展应该能为主业赋能，提升万科住宅的产品以及品牌溢价。在未来的发展中，建议万科进一步提升以下四方面的运作能力：第一，在瞬息万变的市场环境的变化中，提升抗风险能力；第二，在海外市场扩张中，继续做好主业运营，同时提升主营业务的服务能力；第三，更好地运作企业海外扩张，尤其在“一带一路”沿线市场，充分运用现有的竞争优势，做好市场细分和市场定位，选择准确的市场进入模式和运营方式；第四，进一步优化企业的人力资源管理建设，为万科在海外市场的扩张助力。

第8章 “一带一路”背景下中国房地产企业国际化路径选择

8.1 中国房地产企业国际化路径选择流程

8.1.1 熟悉海外投资国家的房地产投资政策

中国房地产企业在“一带一路”沿线国家进行投资时，首先要熟悉目标市场的房地产投资政策，并对收集到的投资政策信息进行精准分析，在海外国家复杂的投资环境中找到自身企业投资的切入点，做到知己知彼，提升投资的效率和效果，进一步推动房地产企业在目标市场的发展。

8.1.1.1 美国房地产投资法律规定

①投资审批：没有禁止或限制的投资内容，大多数地产收入不需要层层审批。

②规划开发：投资在各种不同的地产，需要符合经营特殊业务所需的许可和执照。

③房产产权：可以获得土地所有权和经营权。除非土地上有因历史传承，或其他原因造成的限制，均可自由买卖和经营地产，租赁和其他商业行为均会受到保护。

④产权保险公司调查制度：拥有非常透明的调查体系，一般由产权保险公司负责对地产所受限制、制约、抵押、诉讼历史进行详细调查，出具调查报告。

⑤EB - 5 投资移民法案：EB - 5（Employment - based Fifth Preference），即“第五类优先就业型移民签证”法案规定，外国投资者只要在美国境内投资100万美元或在经核准的区域中心投资50万美元，并直接或间接创造10个就业机会，就可获发2年期的有条件绿卡。5年投资期满后，资金将予以返还。

8.1.1.2 澳大利亚房地产投资法律规定

（1）规划开发

以昆士兰为例，土地持有分为两大类——“自由保有”与“非自由保有”（又称为“州租赁土地”）。自由保有土地的交易主要由《土地权法1994》（昆士兰）规范，州租赁土地则由《土地法1994》（昆士兰）规范。州租赁土地还受到联邦和州其他立法的限制。

（2）房产产权

较为常见的商业财产所有权形式包括：

·信托：受托人为一个或多个受益人的利益持有信托中的不动产并向受益人分配净收益。

·公司（有限责任）——公司可以自行拥有不动产的所有权，并向其股东分配利润。若信托被选择作为持有人，则公司可以作为受托人。作为所有者的公司可以是在中国国内成立的公司，或者是在澳大利亚新成立的由中方股东全资拥有的公司。

·共有——当有两个或两个以上所有者，且每个所有者拥有财产的一部分，共有产生。其份额可以被单独处理。

商业财产所有权的其他形式包括：

·一般法律合伙。法律不承认这种合伙为独立法律实体，因此每一个合伙人都按其所享有的合伙利润份额交税。

·有限合伙。在澳大利亚以外的地方常被用作投资工具的有限合伙在澳大利亚并不常见，有限合伙会被视为公司，因而在澳大利亚有纳税义务。

8.1.1.3 马来西亚房地产投资法律规定

(1) 投资审批①

外资收购规定：

· 马来西亚首相署经济策划局（EPU）是房地产收购的主管政府机关，其公布的于 2010 年 1 月 1 日生效的《产业收购规则》（*Guideline on the Acquisition of Properties*）是最主要的产业规定。

· 收购价值超过 100 万林吉特（MYR）的商业房屋、收购价值超过 100 万林吉特或面积超过 5 英亩的农业用地、工业用地、住宅，需要报相关部门审核。

· 对于房地产直接收购，外国公司必须在房地产所有权转移之前满足经济策划局规定的股权与实缴资本条件，而对于房地产间接收购，外国公司只需在书面批准核发后一年内满足相关条件即可。

· 两种情形收购须取得审批：①直接收购 2000 万林吉特以上的非住宅房地产，且该收购行为稀释了马来西亚原土族和/或政府机构在该房地产中的所有权比例；②通过股份并购的方式间接并购持有房地产的公司中非由原土族持有的股权，该收购导致马来西亚原土族和/或政府机构所持有的公司发生控制权变更，且房地产价值达 2000 万林吉特以上并占公司总资产 50% 以上。

获得审批还需满足以下两个条件：

· 股权条件：至少 30% 的公司股权由马来西亚原土族持有。

· 实缴资本条件：马来西亚本国投资者拥有的马来西亚境内公司的实缴资本不得低于 10 万林吉特；外国投资者拥有的马来西亚境内公司的实缴资本不得低于 25 万林吉特。

外国投资者不得投资的领域包括：

· 价值低于 100 万林吉特的房地产。

· 低成本以及中低成本类别项下的住宅，具体由马来西亚政府部门

① 资料来源：《中国房地产行业投资促进报告》(2018)，德勤研究团队。

决定。

·建筑于“马来保留地”之上的房地产。

（2）规划及开发

外商投资房地产行业可能需要的许可或证照：

·建筑与施工许可，由马来西亚建筑业发展局颁发。

·住宅开发许可，由取得房屋与地方开发部核发许可。

申请该许可的前提条件为：

·申请人的发行资本与实缴现金资本不得低于25万林吉特。

·申请人已向管理人以现金或其他方式存入不少于20万林吉特的金额。

·申请人或申请人的股东不存在欺诈或不诚信的违法行为。

·申请人必须开立住宅开发银行账户，用以收取住宅开发所获收益，且对于该等收益的使用需遵循住宅开发法案的相关规定。

（3）免税政策

2016年3月，新马第二通道附近森林城市（ForestCity）成为免税区，享有税务和奖励优惠，将打造容纳70万人口的智慧与绿色生态城。中央政府为森林城市4座人工岛提供税务和奖励优惠，带动当地旅游和经济。

8.1.2 “一带一路”沿线国家市场细分

中国房地产企业国际化之前，首先要根据海外市场需求特点、海外市场的经济指标等因素，对拟进入的几个目标市场进行有效的市场细分。下面将对“一带一路”沿线国家的房地产投资、开发和商业扩张前景进行分析。

在“一带一路”沿线上，东南亚国家主要包括新加坡、马来西亚、文莱、越南、印度尼西亚、泰国、柬埔寨和菲律宾。

东南亚国家普遍具有较强的经济潜力和人口方面优势，东南亚地区人口增长强劲、城市化进程加速、财富不断增长，将推动住房、交通、增值产品和服务的强劲需求。东南亚国家联盟（ASEAN）成员国国内市场庞大且增长迅速，东南亚有望成为全球第四大经济区域。有专家预计，印度尼西亚、泰国、柬埔寨和菲律宾将对基础设施项目（如铁路、公路网络和大型乡镇项目）进行重大投资。

新加坡是东南亚首屈一指的金融和交通枢纽，每天抵港船舶 2700 艘，每周起降航班 6800 架次，是全球最繁忙的港口和东南亚最大的空中交通枢纽之一，是全球重要的海上运输中心，具有非常重要的战略地位。新加坡擅长项目融资，具有健全的保险、法律和仲裁专业生态体系，新加坡的银行为 60% 的东盟基础设施项目提供了主要资金来源。根据新加坡贸易与工业部的数据，目前已经有超过 6500 家中国公司在新加坡落户。新加坡与中国及其他“一带一路”国家有很高的协同和互通作用。在规划、物流和融资等方面，新加坡拥有独一无二的资源及专业人才，有助于“一带一路”的持续发展。自 2017 年 6 月中国外交部部长王毅与新加坡外交部部长维文（Vivian Balakrishnan）举行会晤后，中新两国重启“一带一路”的合作。两国共同建设“一带一路”将成为中新双边关系的最大亮点，进一步延续双方密切合作的传统。

在“一带一路”沿线上，东欧国家主要包括波兰、捷克和俄罗斯。

东欧地区是丝绸之路经济带的终点，投资平台相对成熟和透明，能够满足中国房地产投资者的需求。俄罗斯在东欧和中亚地区有巨大的历史影响力，与东欧地区具有经济共生关系。随着中俄两国在房地产、贸易和基础设施建设等领域的合作日益增多，中俄贸易和对俄投资也不断增长。

在“一带一路”沿线上，非洲国家主要包括南非、埃塞俄比亚和埃及。

近年来，经济体如埃塞俄比亚和埃及都显示出巨大的发展潜力和经济活力，而像南非等其他国家则正在进行经济结构改革以恢复经济增长。“一带一路”和非洲联盟的“2063 年议程”在许多方面都有共同的目标，有助于加速现代化进程，改变非洲大陆的经济。除港口和铁路发展等基础设施项目外，“一带一路”在非洲的项目还包括采矿、房地产和制造业。非洲国家的支持是“一带一路”取得成功的关键，如果私营企业愿意，并越来越多地参与到“一带一路”中，那么企业的投资环境将会不断改善。

在“一带一路”沿线上，中东地区国家主要包括卡塔尔、阿联酋、巴林、阿曼和沙特阿拉伯。

近几十年来，中东地区一直是中国大宗商品和自然资源的主要来源地，也是连通非洲和欧洲的苏伊士运河的所在地，商业机会众多。许多海湾合作委员会（GCC）成员国迫切希望实现经济转型，减少对石油和天然气的过度依赖，这为中国投资者提供了新的机遇，尤其是在房地产、高科技和能源领域。海湾合作委员会成员国近年政治稳定；对自然灾害的应变能力强，未来几年，中东地区有望在整个“一带一路”蓝图中发挥重要的作用。中国房地产企业如计划在中东地区国家海外扩张，目标国家如卡塔尔、阿联酋、巴林、阿曼和沙特阿拉伯等都是不错的选择。

根据莱坊研究所调查，在“一带一路”沿线国家进行房地产投资的综合指数排行为：大洋洲名列榜首，东亚、东南亚、东欧和南亚紧随其后。排名前5的地区中有4个来自亚太地区。排行榜中段的国家各有特色，如老挝、越南和泰国拥有人口优势，菲律宾经济潜力强劲，波兰的制度有效性较高。排名末位的是阿富汗、也门和伊拉克。

8.1.3 目标市场选择及市场定位

在对各个细分市场进行详细分析的基础上，再进一步确定目标市场，选择进入一个或者多个细分市场，明确业务为哪一类顾客服务，满足顾客的哪些需求，然后进行准确的市场定位。

8.2 竞争分析

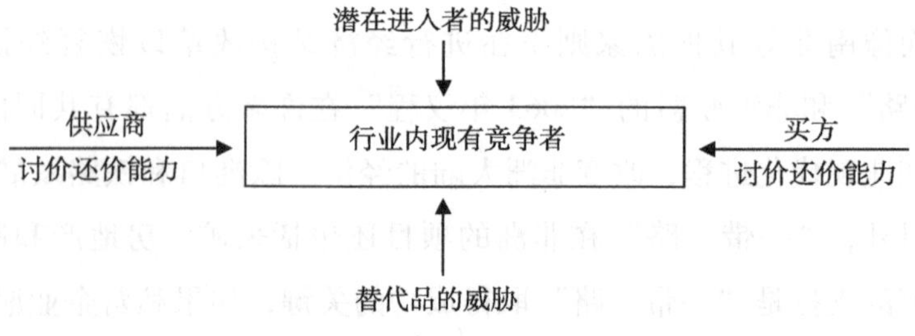

图8-1 波特五力模型

波特五力模型由美国哈佛大学商学院教授迈克尔·波特于20世纪70年代初提出（见图8-1）。波特认为，行业现有的竞争状况、供应商的议价能力、客户的议价能力、替代品或服务的威胁、新进入者的威胁这五大竞争驱动力决定了企业的盈利能力，正是这些力量的状况及综合强度，影响和决定了企业在行业中的最终获利能力，产业盈利能力是由产业竞争结构所决定的。一个房地产企业的竞争战略目标在于运用竞争规律，将这些规律进行变换使其对企业有利，抵御或影响五种竞争力量，使房地产企业在产业内处于最佳位置，不断发展壮大。房地产企业在进军“一带一路”沿线国家市场、进行海外扩张时，要对目标市场所在地的房地产行业竞争驱动力情况进行详细的分析。

8.2.1 行业内现有的竞争状况

分析行业内现有的竞争状况至关重要。绝大多数行业中，某个企业采取的竞争性行为会对其竞争对手产生强烈的影响，进而会触发对该项行动的报复或抵制。如果行动和抵制逐步升级，那么该行业内所有的企业都会受到牵连。现有竞争者之间抗衡所采取的手段主要有价格竞争、广告战、引进新产品及增加对消费者服务等。房地产业是高利润行业，在“一带一路”倡议的引领下，沿线国家贸易往来的改善，就业和财富的不断积累，将促进城市迅速发展，同时激发对包括城市住房等在内的社会基础设施开发的进一步需求。许多房地产企业抓住机遇，依靠房地产企业自身的资源优势，迅速占领“一带一路”沿线国家市场，竞争形势非常激烈。恒大、碧桂园、万科、保利地产、绿地控股等企业一直都是彼此强劲的竞争对手。房地产行业集中度较低，融资能力、品牌知名度、资源占有与规模化竞争力、跨区发展能力等都是竞争角逐中的有力武器。

8.2.2 潜在进入者

当一个行业或一个企业获利丰厚时，将引起很多其他企业获得其市场占有率的强烈愿望，特别是会引起从其他市场进入了该行业，从事多元化的进入者的注意。潜在进入者或新进入者都会给行业带来新的生产能力，他们所经营的公司常常会利用其财力影响某个行业，从而可能造成价格暴跌或行业内部企业费用飞涨，总体上降低了行业内的获利能力。从行业内现有企业的角度看，他们总是希望少一些新的进入者，以维持既得利益和相对优势的地位，如果可能，他们会设法阻止其他企业进入该行业。房地产行业的进入壁垒高，投资房地产需要有资源优势，产品差异化、资本要求高，加上市场所在地政府政策的一些限制，所以新进入者进入“一带一路”沿线国家房地产市场，与现有竞争者共同分割“市场蛋糕”非常不容易，新进入者威胁性较小。

8.2.3 替代品的威胁

所有产业都面临被替代的威胁，替代的形式也多种多样。一种普通的替代形式是一种产品替代另一种产品是在同一买方的价值链中实现的。另一种较为复杂的替代形式是替代品实现的功能与现有产品不尽相同，有的替代品实现的功能更多一些，有的更少一些。管理者必须密切关注那些质量有所改进或价格有所下降的替代品。

替代品给行业产品的价格界定了一个上限。因为当一种产品的相对价格高于替代品的相对价格时，人们就转向购买替代品。但这些替代是否真正成功还取决于替代过程给顾客带来的利益是否足以补偿所造成的损失。因此，需要特别指出的关键问题有：一是购买者转而购买替代品的难易程度，通常这种难易取决于购买者所面临的做出这种改变的一次性成本的多少；二是通过增加转移成本或增加产品或服务的附加值来达到购买者的要求，会使购买者由于替代品的使用而造成的风险降低到什么程度；三是顾客的转换欲望，尤其强调的是顾客的替代欲望。

从中国房地产行业来看，能够替代商品房的有经济适用住房、政府保障性住房的廉租住房、政策性住房、单位的公积金住房和乡镇的小产权房等，但这些替代品目前数量少，普及力度不够，且某些小产权房购买风险较大，这些都很难威胁到商品房市场，所以这些替代品威胁性比较小。

8.2.4　供应商的讨价还价能力

供应商是指向企业及其竞争对手提供各种所需资源的工商企业和个人。一般来说，按照与供应商的对抗程度，可以把供应商分为两类：作为竞争对手的供应商和作为合作伙伴的供应商。

在以下几种情况下，供应商具有较强的讨价还价能力：第一，供应商的集中程度高于购买者的集中程度，且其供应的原材料或零配件没有替代品，购买者只好接受供应商的价格和其他条件，以维持其生产和经营；第二，购买者或者某一行业并非供应商的主要顾客，或者说购买者所购数量只占供应商很小的销售百分比；第三，供应商提供的原材料或产品对购买者的生产制造过程和产品质量有重要影响，而且依赖于供应商的技术和咨询；第四，供应商提供的原材料和产品与众不同或转换成本很高；第五，供应商可以与购买者的竞争对手实现前向一体化。针对以上情况，企业应采取以下措施维持与供应商的关系：第一，寻找和开发其他备选的供应来源，以尽量减少对任何一个供应商的过分依赖；第二，如果行业内仅有很少几个供应商，可以通过积极地寻找替代品供应商而减弱他们的讨价还价能力；第三，向供应商表明企业有能力实现后向一体化，也就是说，企业有潜力成为供应商的竞争者，而不仅仅是一般的顾客。第四，选择一些相对较小的供应商，使企业的购买成为其收入的一个重要部分，即增加供应商对企业的依赖性。

土地的价格弹性较弱，因此房地产企业在这方面的议价能力并不高，但是在工程项目招标、项目的设计、开发设备的供应、建材用料的供应、施工人员任用等方面，房产开发商可以有很大的选择空间，因此在这些方面房地产企业的议价能力相对较高。

8.2.5　买方的讨价还价能力

买方对行业的影响主要取决于买方与行业中企业的讨价还价能力，它主要包括如下因素：第一，行业内企业的产品的差别化程度；第二，买方对价格的敏感程度；第三，买方拥有行业内企业成本结构信息的程度；第四，买方行业与供应商行业的集中程度；第五，买方的采购量的大小；第六，买方的转换成本；第七，购买者向上游一体化的可能性。

从房产购买市场来看，购买者主要是个人消费者和企业。消费者对房屋价格普遍比较敏感，不同的消费者在消费能力、购买目标等方面千差万别，房产对消费者而言几乎是必需品，所以目前的房地产还属于卖方市场，消费者的议价能力较弱。从商用地产的市场来看，房地产商一般都是以出租的方式进行对外合作，入驻的商家具有分散性，议价能力也有限。

8.3 进入模式选择

8.3.1 通过并购进入海外市场

根据房地产行业发展的规律，企业要想在市场化程度高的商业领域获取市场空间，必须通过重组，实施扩张战略来实现效益的增长，这是大势所趋。房地产企业重组完成后可以实现成本结构和新技术开发的协同作用，以更好地应对行业竞争。如果企业资金等方面实力足够，可以考虑通过并购形式进入海外市场，以合作方式获取项目储备，并进一步推进业务创新与产业化进程。收购海外房地产商，是进入海外市场、获得项目土地的不错选择。对于长期靠内生性发展获得增长的房地产企业来说，虽然整合收购将会带来巨大考验，并购之后将带来一系列的财务风险和合作风险，企业文化和管理风格也需要整合，但对于已进入成熟期的房地产企业来说，在文化、能力、资源上难免遭遇瓶颈，只有互相合作，取长补短，才能快速发展，避免被市场洪流淘汰。

8.3.2 通过合资模式进入海外市场

房地产企业进入海外市场时可以选择合资项目或者合资公司的模式。选择合资项目模式时，建议在海外市场成立子公司，积极寻找目标市场所在地的企业合作开发项目。这种模式可以使房地产企业在开拓海外市场时适应性更强，有效规避或减少可能遇到的风险，提高项目顺利开展的效率，得到良好的投资回报。通过合资公司模式进入海外市场时，房地产企业可以通过缜密的市场调研和前期评估，寻找目标市场所在地的合作企业来设立合营公司，共同开发项目。这种模式可以使房地产企业很快地适应当地环境，规避风险，迅速提升企业绩效，同时可以和各自的合作方相互学习技术和能力。

8.3.3 通过新建子公司，独资开发项目模式进入海外市场

这种方式一定要慎用，因为风险大，但企业拥有绝对的控股权，能够获取更大回报和建立自身形象。

8.4 小 结

本章给出了中国房地产企业在开拓海外市场、开展国际化战略时的路径选择流程、海外市场竞争分析的方法和进入海外市场的模式选择思路。

随着“一带一路”倡议的提出，中国房地产企业在“一带一路”沿线市场的国际化进程加快。对海外房地产业直接投资的投资额和项目数量呈现上升态势。在海外市场进行投资时，首先，要熟悉海外投资国家的房地产投资政策。其次，对要进入的海外市场进行认真的调研、对当地市场竞争情况和自身竞争力进行详细的分析。最后，在选择进入海外市场的模式时，建议中国房地产企业一定要谨慎考虑。如果企业各方面实力足够，可以考虑通过并购形式进入海外市场。如果没有国际化经验，且自身实力不足，建议在前期考虑合资进入模式，如与当地的开发商成立合资公司承接项目，或者在当地新建子公司，与海外市场当地企业合作，共同开发项目。房地产企业在积累了足够的国际化经营经验，企业自身能力足够的情况下，可以考虑将投资海外市场的模式由合资向独资转变。

第9章 中国房地产企业国际化战略实施的对策建议

9.1 经营管理方面的建议

9.1.1 选择营商环境及投资政策较好的海外市场

当前，中国房地产市场上住宅和商业地产的业态越来越丰富，涵盖商铺、高档住宅、写字楼等的大型综合体项目逐渐成为房地产业的主流。房地产行业去库存仍在持续，商业地产结构性产能过剩问题明显，一、二线热点城市投资收益增速放缓，直接开发和中长期投资计划成为未来趋势。

“十三五”规划明确提出，要“坚持内外需协调、进出口平衡、引进来和走出去并重、引资和引技引智并举，发展更高层次的开放型经济”。建议房地产企业在认真审视当前市场竞争格局、自身实力和发展战略的基础上，有效配置资源。如果采取海外扩张战略，必须要认真审视可能面临的风险控制、国际化管理、环境治理、企业文化与当地风俗文化融合等诸多挑战。“一带一路”沿线国家在法律法规体系的健全程度以及执法环境方面存在着很大差异，我国企业开展直接投资将在办理签证、审查审批、注册企业等方面面临较为陌生的法律制度环境，对投资目标国家的税收缴纳、劳资关系、安全环保、招标程序、并购审批等方面给对外投资企业带来不可预期的法律风险。房地产企业在海外投资前应认真对目标市场进行市场调研，并做好项目评估，综合评估投资收益，可以选择“一带一路”沿线上具有较强的法治化、便利化的营商环境以及有较好的外商投资政策的国家，降低项目运营和政策等风险。

9.1.2　盈利模式独辟蹊径

一个优秀的企业只有拥有较为成功的盈利模式，才能为企业创造稳定和源源不断的利润。相对来说，一种盈利模式能否保持持续的盈利能力，关键看这种盈利模式是否是在充分的市场竞争环境中锻造而成的，在非充分竞争的市场环境中，抑或是在某种保护状态下形成的盈利模式，承受风险考验的能力就会较弱，持续能力也会较差。在一定界限内，企业的业绩和经营业务的多少呈正向变动关系，但在这一界限之外，随着经营业务越来越多，公司业绩将呈下降趋势，这是因为过度的多元化会使协同作用降低，甚至出现与主营业务争夺资源的局面，对公司业绩有负面影响。

在实施国际化战略时，建议房地产企业在做好主流盈利模式（如可以在一个城市的非主流的地段，通过大规模精心开发，依靠品牌提升片区的价值，从而创造出高附加值）基础上，再谨慎考虑、认真分析是否多元化，盲目多元化将提高各项成本，有可能降低公司的业绩。在海外市场扩张中，房地产企业可采取与当地开发商或投资公司合作开发的形式，利用当地开发商的销售渠道和适应当地文化的运营管理经验，不断推广和提升企业自身的品牌影响力。同时，房地产企业要不断把握行业发展新趋势、新需求，抓住 5G、人工智能等新技术的发展机遇，推动房地产企业的业务模式与数字经济深度融合，融入数字经济发展大格局。

9.1.3　选择合适的地产投资项目和差异化的投资策略

“一带一路”沿线的投资期较长，要认真思考所进入市场的市场发展模式和阶段，要选能带动当地经济发展的项目，例如工业地产、旅游地产、物流园区等，更好地与“一带一路”倡议相结合，获取最佳的投资回报。除了传统的商业和住宅地产项目，可以考虑在“一带一路”沿线国家进行产业园区建设。通过产业集群“走出去”来降低投资风险和成本、规避贸易摩擦、在没有形成产业集群效益的国家获得先发优势。不同地区的投资环境不同，因此投资时要根据各国、各地的实际情况有差异地选择投资策略。随着电子商务的普及、大数据和人工智能技术的发展，房地产行业同质化竞争越来越激烈。企业在“一带一路”沿线国家进行地产投资开发应谨慎，竞争激烈时应着重提升对现有资产的精细化管理。企业要根据不同国家、不同城市的特点进行商业布局，打造特色地产，提升竞争力。

9.1.4 树立良好的社会责任形象

中国房地产企业在进行海外投资时，树立良好的社会责任形象非常重要。房地产企业要从社会责任方面关注当地的慈善和公益活动，在环境发展方面应符合绿色友好约束和排放规定，在员工福利方面加强职业发展规划和企业文化建设等。一个符合东道国道德规范、社会责任感强的企业，才能真正开启“一带一路”倡议对沿线国家“共建”的规划。

9.1.5 提升人力资源管理的效率和效果

从表面上看，房地产企业跨国经营的竞争是受众的竞争、市场的竞争，但实际上是以专业人才为支撑的竞争，人才资源成为房地产企业实力竞争的第一资源。房地产企业进行跨国经营时，招聘人才要注重实用性，不唯学历，也可以根据企业需求在进入市场当地招聘人员。根据跨国经营中所需要的职务数量和要求，对所需要的人员进行恰当而有效的选择、使用、考评和培训。在海外员工配备过程中必须依据一定的原则：①因事择人的原则。人力资源部和用人部门要根据岗位需要选取综合素质高、专业能力强等与岗位匹配度最高的人才担任岗位职务。②因材器使的原则。从人的角度来考虑，只有根据员工的特点来安排工作，才能使员工的潜能得到最充分的发挥，使员工的工作热情得到最大限度的激发。③用人所长原则。员工越是处在最能发挥其才能的职位上，就越能使组织得到最大的收益。④人事动态平衡的原则。人与事的配合需要进行不断的调整，使有能力的人去从事更高层次的、负更多责任的工作，使能力平平、不符合职务需要的人有机会进行力所能及的工作，以求使每一个员工都得到最合理的安排，达到人与工作的动态平衡。

在人力资源管理流程中，招聘、培训、考核等环节非常重要。

实施招聘前，首先要进行人力资源需求、供给预测。通常情况下，在检查和对照企业内部现有的人员数量和各个岗位的人员需求后，管理人员要制订合理的用人计划，使用人计划的数量、层次和结构符合组织的目标任务和组织机构设置、组织各个岗位的需求。然后要进行选聘人员。根据人力资源计划所确定的员工队伍规模和结构的要求，管理者要采取各种增补人员的招聘手段，确定是从外部招聘还是从内部重新调配人员，如采取内部搜寻、广告应征、员工推荐、就业服务机构介绍、学校毕业分配、临时性借调或支援，以及解聘或减少人员的减员等手段（如解雇、停薪留职、自然减员、提前退休、调换岗位、缩短工作周等）。对应聘人员根据岗位标准要求进行考查，确定备选人员。筛选人员后，确定人选，将所定人选配置到合适的岗位上。

招聘后，要制订和实施人员培训计划。培训既是为了适应房地产企业技术变革、规模扩大的需要，也是为了实现成员个人的充分发展。因此，要根据房地产企业的成员、技术、活动环境等特点，有计划、有组织、有重点地进行全员培训，特别是对有发展潜力的未来管理人员进行的培训。

员工激励也非常重要。常见的激励方法有目标激励法、参与激励法、强化激励法、改善工作要素法、情感激励法、支持激励法、信任激励法、榜样激励法等。在目标激励法实施过程中，设置目标是一个关键环节。目标设置必须同时体现组织目标和员工需要的要求，奖励组织期望的行为。目标激励法特别适用于那些需要层次较高，工作独立性较强而工作规范性较弱的人员。采用目标激励法要注意以下问题：正确选择目标方向，确定目标的价值大小，目标的难度要适中，成功概率要大。参与激励法可通过让员工参与决策，如参与工会、顾问团体等决策的形式进行。改善工作要素法有三种主要形式：工作轮换、工作扩大化、工作丰富化。在情感激励法运用过程中，领导要善用情感投资，重视人际沟通，与员工建立感情联系，增强员工和领导在感情上的融合度。若采用榜样激励法，选择榜样时要注意，树立的榜样应确实是企业中的佼佼者，这样才能使人信服，还要注意榜样的群众关系要好，否则难以有号召力。管理者在激励的实际运用中要考虑到各种激励方式的不同特点，对不同激励方式进行有效的组合。

房地产企业在进行跨国经营过程中，在员工管理方面要注意跨文化的整合；在人事考核方面，需要从多个方面对员工做出客观全面的评价，建议在职位晋升中运用模糊综合评判，为员工评先晋级提供重要依据，促进晋升制度管理的规范化和科学化，提高工作效率。

（1）员工能力评价指标体系分析

建立员工能力评价指标体系，目的在于寻求一组客观、全面、有代表性的特征指标，这些指标能够恰当地表达对员工综合能力的客观评价。指标体系分为两层：第一层是基本指标（专业技术能力 U1，沟通合作能力 U2，管理能力 U3），所有这些指标构成了评价体系集合，即因素集，记为：U=（U1，U2，U3）。第二层是明细指标，共 12 个，分别为工作量 U11，工作效率 U12，工作质量 U13，创新能力 U14，指挥能力 U15，激励能力 U16，沟通能力 U17，执行能力 U18，责任感 U19，团队精神 U10，学习态度 U11，工作主动性 U12，形成多层次指标体系。

（2）确定评语集

采用语义差别隶属赋值方法，设定 5 个评价等级（优秀、良好、一般、较差、差），对应指标值 5~1 分不等的程度提出明确、具体的要求，建立各档次与隶属度之间的对应关系。每档根据指标内容的趋向程度对应指标评价值为 5~1 分不等：优秀对应指标值 5 分，良好对应指标值 4 分，一般对应指标值 3 分，较差对应指标值 2 分，差对应指标值 1 分，即 F=（F1，F2，F3，F4，F5）。

（3）确定各因素的权重

运用 Delphi 法、加权平均法、众人评估法等方法来确定各因素的权重。

（4）确定模糊综合判断矩阵：对每个因素做出评价

U1 可以利用 360 度评价法来确定；U2 由部门领导打分来确定；U3 由单位考核组员打分来确定。

（5）模糊综合评判

进行矩阵合成运算，取数值最大的评语作综合评判结果，最终决定该员工是否升迁。

9.1.6　开发或应用房地产决策支持系统

房地产项目一般投资规模比较大、建设周期长、经营风险相对也比较高。房地产企业如何对房地产市场行情进行准确预测、正确地分析房地产相关数据，进行房地产项目的可行性评估和相关决策至关重要。建议房地产企业完成基于数据挖掘的房地产决策支持系统开发或者应用先进的房地产决策支持系统，来积极探索各类层次用户对房源的不同需求，找出楼市热点，给内部房地产企业各级管理人员提供决策支持。

9.2　财务方面的建议

9.2.1　境外融资

中国房地产企业在进行海外扩张时，可以考虑境外融资。国内监管调控政策不断出台导致中国境内融资成本较高、融资渠道收紧。国际资本市场在量化宽松政策下处于利率低位，在融资渠道方面可以转向在海外寻找低成本资金。我国企业进行境外融资大多数选择在境外上市进行股权融资，且股权融资比重往往超过债务融资。

9.2.2　加强库存现金管理

（1）加强企业现金内部控制

①收支两条线

为保证现金的使用安全，需要将现金收入和支出独立完成，并且通过银行使两者有效联系。现金业务收支两条线是企业进行有效控制的重要方面，企业不加以关注的话可能会酿成大错。企业在日常的生产经营中要严格遵照《现金管理条例》的规定，注重每一个环节的把控。

②岗位、人员分工

库存现金的收支业务存在很大风险，因为各企业的每一个部门都会与库存现金打交道，这就大大地增加了人员、关系部门的繁杂性，因此，有必要建立健全规范的岗位责任制度，明确现金使用程序和发生损失时的惩罚措施。此外，不相容职务分离是企业内部牵制的重要方面，也是库存现金管理的基本。所以，应当做到出纳与会计、内部审计与会计等职务分离，定期进行岗位轮换，防止一个人能够控制有关现金支出的全过程的情况，并在人员的聘任方面重点考察其职业道德修养、个人品质和专业素质等，寻求德才兼备的会计人员。

③会计系统控制

库存现金收支是可以精确计量，也可以及时反映出来的，会计系统记录相关的会计信息，对整个业务发挥监督作用。此外，会计系统利用会计档案的保管与核对、授权审批程序、现金盘点等多种方式对现金收付业务进行全方位的控制。

④备用金的收支

备用金用于企业日常零星支出，由各部门专人管理，也是现金收支的一个重要方面。企业应当根据自身经营活动的需要确定备用金金额，超过备用金限制的通过授权审批后予以支付，对于备用金的报销应依据有关规定，加强对备用金的监督。

（2）企业建立现金清查制度

房地产企业应建立库存现金清查制度，指定专人定期或不定期地进行核查。为了保证现金清查的真实性和准确性，一般而言，企业应在不事先通知出纳人员的情况下进行突击检查。盘点的最佳时间应当选择在当天业务未启动或当前业务完成时，尽量避免妨碍日常业务的进行。重点核查各账款的相符情况，核查是否有白条充库、是否有人将公款私存等不法行为，及时发现问题，确保库存现金的安全性和完整性。

（3）提高出纳人员素质

①提高出纳人员门槛

我国于2017年11月5日起施行了新《会计法》，取消了从事会计工作需要有会计从业资格证书这个门槛，只是说明会计工作者需要具备从事会计工作该具有的专业能力，但是对于这一专业能力的界定的划分并不明确。企业在招聘中，可以聘请高学历的出纳人员，如财会专业的专科生或者本科生，这样也会使原有出纳人员无形中感到压力，从而不断提升自己，更努力地工作。

②提高出纳人员基本素质，树立法治观念

鼓励出纳人员在日常工作之余不断参加继续教育。一方面可提升出纳自身专业水平，另一方面可提高出纳法治和职业道德水平。会计出纳人员要做到知法、懂法、守法，从内提高自身修养，培养爱岗敬业、诚实守信的品质，从而相互协作、相互监督，营造一个良好的企业环境。

③增强职业道德教育，提升会计后续教育质量

道德教育不同于法律，不能依靠国家强制性实现，它是使人们内心有信念而外化于行动。但是国家可以通过外在引导，提高出纳员的道德修养。

一个企业的健康经营离不开人这个主体，要保证企业现金安全和正常运营，就必须保证出纳人员的高素质。

9.3　国际营销方面的建议

9.3.1　创新房地产企业营销观念

当前，互联网已经进入新媒体传播2.0时代。2019年，全球人口已经达到76.76亿人，其中手机用户51.12亿人，网民43.88亿人，有34.84亿人活跃在社交媒体上。《中国互联网络发展状况统计报告》显示，截至2019年6月，中国网民规模达8.54亿人，互联网普及率为61.2%，其中手机网民规模达8.47亿人，较2018年年底增加了2984万人。网民中使用

手机上网人群的占比为99.1%。此外，手机媒体、IPTV、博客、微博、App、LBS、物联网等新媒体、新应用也不断地出现和发展，且形成了产业化的态势。我国已经向数字化和信息化方向加速迈进，悄然进入新媒体营销时代，新媒体正广泛地渗入人们的生活，如何通过新媒体多资源、多渠道来实现企业的营销目标，实现产业的转型与升级，如何运用新兴的智慧化营销、大数据营销、自动化营销手段是房地产企业顺应时代的当务之急。

新媒体是指基于计算机信息处理技术，通过宽带、无线、有线、卫星网络等各种现代传播手段，传播数字化文字、声音、图像信息的媒体。新媒体的思想与技术核心是互动，内容主体为UGC（用户生产内容），关键结构是关系网络，是用户信息分享和社交活动的平台。当前，企业常用的新媒体工具有博客、微博、微信、论坛、SNS、IM等。

新媒体具有超媒体性、交互性、及时性和共享性、个性化服务等特点。传统媒体通过传播实现信息的大众化覆盖，而新媒体能为受众提供个性化服务，在新媒体面前，用户有信息的选择权和控制权，还可以个性化地创造信息的内容、改变传播的形式。同时，新媒体的交互性、及时性和共享性都非常强。例如，对于出版业而言，图书出版后在BBS论坛、QQ群、微群上发布商品信息后，用户可以及时进行回帖、讨论、朋友圈分享，这大大增强了用户对于媒体的黏度，增强了营销传播的效果。

新媒体营销是指利用新媒体工具进行营销活动。在新媒体时代，以“传播者为中心”的营销信息传播模式已经转向“以受众为中心”的新型营销信息传播模式。当前，新媒体营销的主要载体有：互联网新媒体、手机新媒体、电视新媒体和户外新媒体。新媒体营销中常用的营销方法有：病毒营销、社区营销、数据库营销、反向沟通、体验营销、口碑营销、精准营销、事件营销等。

新媒体具有参与、公开、交流、社区化、连通性等特征，正在逐步改变人们的媒介使用习惯和购买方式，也从根本上渗透到房地产企业营销的方方面面。

新媒体时代是注意力经济时代，消费者对商家的营销推广内容从静态沉浸式阅读模式转向交互式阅读模式，如果三秒钟刷不出在线阅读内容，消费者就会选择跳出。

新媒体时代也是移动场景阅读时代，移动互联网的迅速发展使得消费者的生活迅速转向移动化。相对应地，房地产企业也应该开展移动营销。中国网民中使用手机上网人群占比率逐年提升，移动营销将大有可为。当前，采用在线推广等模式对于房地产企业来说已经非常普遍，一些房地产商已经开始尝试二维码营销、移动广告设计、App 营销等。例如，在二维码营销上，使房地产商可以为所宣传楼盘添加统一标准的二维码，消费者通过扫描二维码，可以了解楼盘简介、促销信息等；商家也可以通过扫描二维码采集楼盘销售信息等。

新媒体时代更是参与感时代。消费者在购买房产后，可以在 BBS 论坛、微博、微信上表达自己的购后看法，其他网友可以通过跟帖、“踩沙发”、关注、@、转发朋友圈等方式进行互动，发、晒好评的消费者无形中为房地产商进行了宣传，使房地产商实现了病毒式营销。当然，这也对房地产行业带来了挑战，若楼盘质量、售后服务等方面不过关，消费者的晒图文、转发朋友圈等也会直接影响楼盘的销售，尤其要重视“大 V”的作用。房地产商通过新媒体来分析消费者的反馈信息，可以为进一步提升房产销售服务等提供有效的思路，大大便利了房地产商对楼盘的售后数据统计分析。

新媒体时代是 VUCA（Volatility，Uncertainty，Complexity，Ambiguity）时代，消费者的需求充满了易变、无常、复杂和模糊性，因此房地产商的营销必须要与时俱进，将迎合用户需求植入变革。同时，新媒体时代也为房地产商的发展带来了数字化营销的机会和多元化的价值。具体来说，“新媒体”给房地产企业营销带来的影响如下：

（1）消费者从旁观者变成了参与者

新媒体时代，消费者从传统营销的产品旁观者变成了产品的创意者、贡献者和评论者。对房地产行业来说，房地产企业可以让消费者来参与房子及装修方案的设计，每个消费者都有权提供 DIY 创意，由商家来决策是否采用该创意，这将会大大增加互动性，提高消费者的兴趣和购买欲望。

（2）营销突破了时间和空间的限制，成为无边界营销

新媒体时代，营销实现了时间的自由（消费者任何时候都可以收看电视节目）、空间的自由（全球化营销）、规模的自由（可覆盖全球，也可针对个人）、格式的自由（如微电影长度不受限制）。

（3）营销从传统推式营销，转向用户自愿加入及分享营销

新媒体时代，消费者经常与商家、网友进行互动，并将购买心得、体会分享到微信朋友圈、论坛上。营销者可以考虑在互动中进行品牌植入和开展病毒式营销传播。

（4）从传统媒体的营销策划，转向新媒体营销策划或两者并存

（5）营销从传统的公关操作转向新媒体的数字影响

新媒体时代，信息民主化。营销者必须改变传统的营销方式，尽力成为公众讨论中的重要参与者，运用各种可能的数字工具去影响而非支配话题的方向。

新媒体时代，中国房地产企业在“一带一路”沿线国家开展国际化营销，仅仅运用传统的营销战略已经不够，还要在传统营销战略的基础上进行创新。如何结合新媒体营销进行营销战略创新，更深入地迎合新媒体时代消费者的需求，事半功倍地实现营销效果，提高企业效益和竞争力，对房地产企业来说至关重要。

9.3.2 打造房地产企业特色品牌

一个房地产企业新品牌在进入海外市场时，目标国所在地消费者对其品牌没有任何认知，如果用户在网上查阅相关信息后仅仅得到少量无关紧要的信息，就会使消费者对该品牌丧失信心，不敢购买。因此，房地产企业应该对本企业的品牌推广进行系统规划，塑造品牌的口碑和公信力，打造特色品牌。企业可以采用新闻营销、问答营销、论坛营销、网站优化等方法迅速提升品牌的认知度；再通过新闻公关、策划网络活动、开发布会、开展览会、做慈善营销等方法强化消费者对本企业品牌的进一步认

可；最后通过优化搜索引擎、打搜索广告、打信息流广告、自媒体大号（微信公众号、抖音红人、网红主播等）运作、在线客服系统搭建、客户回访与催化成交等方法增强品牌宣传的效果，稳定老客户群体和拓展新客户群体。

9.3.3　进行国际营销战略及策略的创新

基于当前国际营销环境的变化，房地产企业在进行国际营销时，应在对房地产业务营销实现形式与盈利模式进行全方位系统思考基础上，从以下几个方面进行决策。

（1）理解“一带一路”沿线国家营销环境及市场需求，开展STP战略

首先，房地产商应熟悉“一带一路”沿线国家营销环境，分析市场的需求，在对总体市场进行分析和预测的基础上，进行详细的市场细分和准确的市场定位。在进行市场细分之前，先要理解产品。房地产商要先分析所售楼盘产品的特点，对其进行SWOT分析（优势、劣势、机会、威胁），分析该楼盘最吸引消费者的特点及价值所在，再思考目标消费群体的购买需求及消费模式等特点，利用人工和计算机两种手段对不同类别的消费者进行年龄、收入、购买偏好和倾向、可自由支配收入等方面的调研数据统计分析，根据数据分析结果进行市场细分。

其次，在对各个细分市场进行详细分析的基础上，房地产商应根据房地产业务的特点，确定目标消费市场，选择进入一个或者多个细分市场，明确为哪一类消费者服务，并进一步对潜在消费者的购买需求、购买意向、购买心理、顾客媒介接触习惯特征进行分析。房地产商应分析公司房地产业务或服务的特点与优势，思考目标用户的需求，进行业务或服务卖点的分析，包括竞争对手分析和卖点展示角度等方面。房地产商应该针对目标消费群体的心理进行营销设计，创立公司地产业务在目标顾客心目中的独特形象，从而取得竞争优势，促进销售。

（2）选择合适的营销媒体和营销渠道

在选择营销媒体和营销渠道时，房地产企业要结合自身所拥有的资源

多少、技术能力和运营能力高低，认真做出科学决策。

①营销媒体的选择

可以选择传统媒体、新媒体或者两者结合进行营销。在选择媒体时，要了解不同媒体的特征和广告效果，进行媒体特征指标分解。

A. 要了解不同媒体覆盖人群的不同

对于每一个媒体，首先要了解的就是其在人群覆盖上的特点，这样才能知道在哪一种媒体上投放广告更有针对性，实现精准营销。如报纸媒体可能对政府官员、国企或事业单位更有影响力，电视媒体对中老年人更有影响力，而广播电台越来越多吸引私家车主和专车司机，每一类媒体都有自己人群到达的有效半径。对于房地产营销，可以考虑结合新媒体的微博、微信、SNS、BBS营销等，但在营销之前要进行消费者行为分析，根据受众需求特点、个人兴趣爱好、房产购买考虑的因素、购买房产的期望价位、获取房产信息的来源等方面展开分析，然后选择合适的广告投放媒体。

B. 要了解不同媒体覆盖场景的不同

房地产企业在选择新媒体营销之前，应该先仔细分析通过营销要影响的目标人群特点，如这些目标人群平时到达的场景细节等，这样才能设计出合适的新媒体营销方案。即便是同样的人群覆盖，不同的媒体传播达到的效果也是不同的，这是因为不同的媒体产生转化的场景是不同的。例如，同样是城市的上班族，是报纸达到的效果好，还是调频电台、地铁广告更好不能一概而论。对于步行、跑步、骑车上班的人来说，广播电台广告、户外广告的推广效果更好；对于坐地铁、公交上班的人群来说，微博、微信公众号、新闻头条号、微信地铁视频、免费报纸的广告宣传效果更好；对于拼车上班的人群来说，视频嵌入广告、微信公众号的广告推广效果更好；对于在家上班的人群来说，电视、门户网站、聊天软件弹窗等的广告宣传效果更好。

C. 要了解不同媒体风格调性的不同

不同的新媒体其风格调性不一样，房地产商在考虑做新媒体营销之前，要针对所销售房产的特点选择要推广投放的新媒体。例如，房地产商要进行小学周边楼盘的推广营销，可以考虑宣传学区房卖点，并在百度贴吧、天涯论坛、微信朋友圈等媒体上做推广。微信有 9 亿用户，在微信朋友圈做推广受众广泛。例如，可以做一个推广链接，顾客打开链接分享到朋友圈可自动领取商家设置好的红包，以发放红包为动力促使用户快速分享链接，达到快速传播的效果。房地产商选择在针对性比较强的媒体投放广告，使用户能很快地捕捉到推广信息，并有针对性地进行购买，从而增强营销效果。

D. 要考虑所选择媒体传播的有效到达率

房地产商在选择新媒体时，要考虑用户群选择不同新媒体的偏好和使用频次。对于微博、微信、论坛等互动性非常强的新媒体，可以通过计算机系统捕捉用户使用新媒体的后续动作，实现个性化精准推送，和用户行为实现实时交互互动，增强营销效果。

②营销渠道的选择

在选择营销渠道时，房地产企业要结合当前自身所拥有的资源大小、技术能力和运营能力大小，认真做出科学决策。可以考虑如下营销渠道：

A. 建立企业网站

网站内容展示企业地产业务的相关信息。如碧桂园网站，主要在网站上介绍地产业务的海内外布局等方面。

在做网站时，要注意网络域名具有排他性，注意及早进入。还要考虑到建设成本和运营成本问题，如域名申请、空间申请、服务器托管、人员配备等成本。

B. 通过第三方房地产信息平台进行销售

可以考虑在第三方房地产信息平台上销售，如百度房产等。所选择的平台应该是具有较大影响力、聚合力的第三方平台。

C. 通过运营 App 进行销售

可以借助专业的 App 开发公司开发 App，通过 App 销售产品，产生收益。

（3）营销方式和策略的选择

①新媒体营销方式和策略

房地产企业在“一带一路”沿线国家开展自身业务的新媒体营销时，可以选择如下几种新媒体营销的方式：

A. 门户网站建设推广

a. 官方网站

企业通过自身的门户网站进行产品或服务的营销。利用官网对公司的品牌理念、目标、产品项目、业务项目进行宣传，并在网站对往期成功的房地产项目进行展示，建立免费课程，在网站平台宣传。企业网站界面风格要与企业自身形象、自营产品相匹配，可以增加如查询工具、统计工具等必要的网络营销工具提升网络营销的实施效果。在网站推广上要选用合适的方式，如可以利用搜索引擎进行关键词广告推广、利用行业网站投放广告等。

b. 网站合作推广

策划开展网站合作活动是有效的房地产企业网站推广手段，且能提高访客忠诚度，持续深入地传播网站。通过各类网站的友情链接，广泛征求链接互换，增强网站外部链接活力。友情链接的网站包括行业网站、行业论坛、地方门户网站、个人网站等，通过友情链接能增加网站自身的搜索引擎曝光率，获得理想的排名效果。企业可以与线上、线下媒体展开充分合作，针对本网站线上各类活动开展情况、网站营销心得等主题，撰写公关文稿，同相关地方门户网站、网络媒体等合作，及时发布关于房地产企业业务开展的项目展示、服务升级和服务类软文。

B. 进驻第三方平台推广

在新媒体时代，房地产企业应该与时俱进，开展楼盘智能营销。房地产企业可以进驻第三方网络平台，进行业务推广。所进驻的第三方房产推介平台应该支持包括项目代表、置业顾问、购房者等所有注册用户信息的上传，在网站平台上可以上传楼盘构架、户型、房源动态、房源图片、网友问答等信息，建立快速分享和传播楼盘信息的渠道，同时最好在第三方平台上开设个人网上楼盘销售的店铺，通过多种营销组合来实现智能营销。

C. 搜索引擎营销

房地产商采用搜索引擎营销，目的在于提高企业网站、所推广业务的曝光率和知名度，增强营销效果，具体可以采用在搜索引擎上做广告投放、优化企业自身的网站建设、利用搜索引擎进行网站推广等方式。优化企业自身的网站建设即通过对网站栏目结构和网站内容等基本要素的优化设计，提高网站对搜索引擎的友好性，使得网站中尽可能多的网页被搜索引擎收录，并且在搜索引擎结果中获得好的排名效果，从而通过搜索引擎的自然检索获得尽可能多的潜在用户。在搜索引擎上做广告投放时，应根据预算、客户群体的特征、不同搜索引擎的特点选择准备投放广告的搜索引擎。百度在中国搜索引擎市场的占有率最高，可以提供按照省份投放搜索引擎广告的服务，其用户群体非常广泛；谷歌的用户以高学历、高收入为主要特征。房地产企业要根据自销业务的定位，选择在哪些搜索引擎上投放广告。关键词的设置可以结合房地产业务的特点和一些当前社会热点词汇来选取，应根据消费者的购买思路，不断扩充通用词、竞品词、品牌相关词等，带动品牌词的转化，有效增加广告曝光量，提升客户品牌知名度及销售额。当利用搜索引擎进行房地产业务推广时，可以在一些搜索引擎（如新浪、搜狐、网易等门户网站）的分类目录上加以登记注册，或者通过在质量高的网站上互相交换友情链接的方式来增加自身网站被搜索到的概率。

D. 社会化媒体营销

社会化媒体是一种给予用户极大参与空间的新型在线媒体，它具有参与、公开、对话、交流、社区化、连通性6大特征。房地产企业可以根据海外市场消费群体选择媒体的习惯、企业投资规模大小等因素，考虑博客营销、微博营销、微信营销、SNS营销、论坛营销等营销方式中的一种或几种结合。

进行博客营销前，要选择合适的第三方博客平台（如新浪博客、搜狐博客等）或自建博客平台。所选择的博客平台应具有较高的知名度和搜索引擎权重优势，有利于企业业务的宣传。博客营销包括如下工作内容：在博客门户或频道中做广告；请优质博主发表专业文章；打造博客团队；监测博客网站。

微博营销时，要注意准确定位目标顾客，吸引有价值的粉丝，从微博粉丝身上转化出商业价值。微博营销要注意差异化营销，塑造自身企业微博的个性化特征，持续积累目标粉丝。发布微博的频率和总数都要控制，一般一天发布的微博条目总数在10～20条，选择网民使用微博的活跃时段进行微博营销信息的发布。

房地产企业可以开通官方微博或博客，发布活动资讯，提供在线订购等，注意微博或博客要与企业自身的风格相匹配。在采用博客或微博营销时，房地产企业首先要分析目标用户的需求构成与分布，通过统计用户在微博上的评论数量，定量分析业务需求的用户分布特点，并根据用户评论不断完善所策划的活动内容。

根据消费者需求，综合博客和微博开放性、交互性、高效性强的特点，房地产企业可以考虑采用互动营销策略、情感营销策略、整合营销传播策略、优质内容策略、意见领袖策略、多账号矩阵策略等策略中的一种或者几种结合的形式。在售后方面，企业官方微博应提供读者答疑、评价等服务，做好售后服务。

在互动营销时，可借助微博大号的力量，在微博上促使消费者对活动内容进行讨论、转发、评论，拉近企业与消费者的距离，提升促销内容的曝光率，进而提高销量。销售人员在微博上应积极与粉丝进行交流，尤其是对一些具有代表性的网友的留言、回复可以进行大量转发，保持与广大消费者的深度互动。

在运用优质内容策略方面，房地产企业利用微博发布经过设计的新颖营销事件，在事件中植入营销，或发布最新的房产活动热门话题等，通过优质原创内容的推送引发网友的转发、评论，吸引目标读者的关注，提高企业品牌的认知度和产品销量。

在运用意见领袖策略方面，利用意见领袖的强大的粉丝力量和话语权，房地产企业可以引导意见领袖去参与讨论和传播与企业业务相关的事件话题，从而达到提高营销效果的目的。

在运用多账号矩阵策略方面，房地产企业可以在微博平台上申请多个微博账号，运用核心账号统领各分属账号，或者以多个微博账号相互独立的形式，运用不同账号的微博宣传，来影响消费者。

企业也可以根据产品或服务的性质和特点，选择合适的 SNS 平台做网页广告和植入式营销（如 SNS 游戏植入广告），或通过 SNS 平台实现病毒式营销。a. 企业可以入驻 SNS 上的公共主页，充分利用 SNS 精准度高、互动性强的特点，实现营销。b. 企业可以利用 SNS 进行病毒式营销。第一步，先针对不同社交网站的特点、用户群心理特征、行为特征等进行分析，选择与业务定位相匹配的 SNS。第二步，设计合适的营销方案。SNS 具有高信赖度、高用户黏性等特点，房地产营销策划者应基于消费者的需求利益点、娱乐或参与性等因素进行设计，如进行折扣促销、买产品返优惠券、秒杀、捆绑销售等，也可以通过分享趣味视频，开展有趣的测试、投票等活动激发网友的参与热情，鼓励其在 SNS 平台分享产品信息，以促进销售。第三步，通过意见领袖实现病毒式营销。意见领袖如 SNS 网站的网络红人、分享达人等，他们一般粉丝量大、有号召力，房地产商可以针对意见领袖们平时分享的主要方向与自销业务相匹配，选择合适的信息进行分享、互动，实现病毒式的营销效果。最后，还要进行营销效果评估。

在运用微信平台进行营销时，房地产企业要注意在微信公众平台上信息推送的时间和频次，一般在中午 12 点、晚上 8 点前后推送营销信息，每天投放的营销信息不要太频繁。消费者可以通过线下论坛，沙龙活动等对企业运营的微信平台进行关注，首次关注的消费者可以领取优惠券，获得产品折扣资格、线下论坛活动交流资格等。微信公众账号每周与消费者在微信平台上互动，如进行最新楼盘信息、购房咨询、行业资讯、成功运作的房地产项目信息的发布。

移动互联网时代，房地产企业应该抓住社群的优势发展业务。社群营销具有费用低、效率高、精准性强、传播快、时效久、针对性强的特点。房地产企业可以通过微信、QQ 等进行社群营销。可以建立多个社群，如建立一个主群——业主群，不允许外人进入。社群内要提供优质服务，如提供定期专家讲座或房产销售人员在线咨询等。营销人员在群内解答或解决客户的任何问题，包括投诉、建议，任何问题短期内必须做出反应和解决，如 5 分钟内做出反应，24 小时内给予解决。社群中的意见领袖必须是房地产领域的专家或者权威人士，这样才能推动社群成员之间的互动交流，树立起社群成员对企业的信任感。在社群分享环节，分享者要就话题提前准备素材，并分享对大家有启发的内容；确定分享时间后，群主应该提前在群里多发布几次消息；如果分享特别重要，可以采用群发或一一通知的方式；为了避免影响嘉宾的分享，在每次分享开场前都需要提示规则；在正式分享前，用一些轻松的话题引导大家上线，营造良好的氛围；在分享者出场前，需要社群中有一个主持人做引导，介绍分享者的资历，让大家进入正式倾听的状态；分享者或话题主持人要提前设置互动诱导点，如果发现缺乏互动，需要安排几个人热场；分享后应该引导群成员做总结，鼓励其到微博、微信朋友圈分享心得体会，对在微博、朋友圈分享心得的群成员给予各种奖励，起到刺激消费的作用。

房地产企业也可以利用社区论坛的平台进行营销。企业利用论坛开展营销推广，先要选择目标论坛，发现意见领袖，熟悉论坛规则。然后要分析本企业品牌在论坛中的品牌现状，挖掘营销点，并进行目标客户分析，提炼出营销传播点，进行事件植入。企业可以打造房地产网络社区，设计主题板块，从受众的兴趣需求出发，让他们在社区里自由创作，最大限度地把他们的参与热情提升起来，同时通过产品和品牌信息的植入，将房地产品牌所传递的精神完美地融入社区中，实现营销价值的最大化。企业还可以通过编辑精简的文字、上传房地产项目成功运作案例的图片、上传短小的视频等来展示企业近期的工作信息和服务信息，引起网友关注度从而进行评论回帖，最终达到宣传房地产企业的品牌效果，加深其市场认知度。企业在进行论坛营销时要注意：要策划在论坛上能够引起关注的话题，最好是适合长期讨论的话题；论坛帖子撰写时，要写出吸引目标客户又不容易被版主当广告帖删除的软文，将品牌、产品、活动内容植入论坛发帖内容，争取形成持续传播效应，甚至引发新闻事件，导致传播的连锁反应，可以用“多图真相帖”“连载故事帖”“观点论战帖”“新鲜视频帖”等论坛上受欢迎的写法来撰写论坛帖子；在内容投放方面，应选择合适的论坛投放内容，并有针对性地进行内容微调，以符合对应论坛的特点，还需要设计“踩楼”“灌水”“自顶”等后续安排，尽可能地将投放的帖子策划成“置顶帖”或“精华帖”，以提升营销效果；还要做好论坛营销的效果监测，企业要注意了解投放数据指标的变化，评估投放效果，包括内容在搜索引擎上的表现；最后对效果进行反馈、汇总，调整营销方式。

E. E - mail 营销

房地产企业可以运用 E - mail 对已经服务过的客户及潜在客户定期发送楼盘信息和项目运作类资讯，发送行业线上、线下的促销信息。具体开展E - mail营销的步骤如下：a. 寻找邮件地址。收集邮件地址的方法很多，可以利用第三方提供的邮件列表服务，也可以用专业软件自己收集。b. 选用优秀的邮件发送工具。选用具有邮件地址退订功能的群发软件进行邮件地址发送，并且去除退订和无效的邮件地址。c. 制定发送方案。确定目标市场，找出潜在的顾客，对于同样内容的邮件，每个月最多发送两到三次，要设计好邮件主题和内容，力求用最简单的内容表达出诉求点，最好附上关于详细内容的链接。d. 发送 E - mail，收集反馈信息，及时回复。在发送信箱和回复信箱方面，建议采用发送信箱设置为不常用的信箱，回复信箱设置成自己的有效信箱来收取客户的回复的方法，提升服务效果。e. 不断更新邮件列表。f. 提供 E - mail 营销服务。营销人员在接到订单时要及时确认，对忠实客户可以提供更多的优惠服务。

F. 移动营销

在移动时代，移动化的生活方式正在成为越来越普遍的现象。房地产企业在开展移动营销时，可以采用二维码营销、LBS 营销、移动广告推广、App 营销等方式。企业要注重营销创新，如进行二维码营销时，可以创建生动有趣、方便快捷、实时获取的二维码，也可以将二维码营销与事件营销等其他营销方式相结合，创造出更好的营销效果。

在移动化的生活中，个人的地理位置信息是一个非常重要的变量，消费者的大部分消费行为都集中在一定的地域范围内，基于地理位置是 LBS 最重要的特点，位置信息发挥着 O2O 的中间层作用，能够匹配商家和目标消费者，加速线上用户和流量与线下资源的整合，帮助房地产企业实现基于智能终端的精准营销。在待售楼盘附近在一定范围内的人群，是最有消费可能性的潜在消费者，在消费者提交位置信息后，通过 LBS 平台主动搜寻周边的房产信息，或者房地产商向一定范围内的消费者推送房产信息，信息更精准。当前，地图已不再是单纯地指示地理位置的工具，而是可以承载生活服务信息的重要平台。许多 LBS 平台已经开始开放 API 接口，房地产企业可以将自己开发的应用进行对接，进入 LBS 平台。LBS 营销常用于企业品牌 App，通过鼓励消费者到品牌的某一门店签到等方式，推动消费者的消费行为，增加营销的趣味性、互动性和营销收益。

移动新媒体具有很强的普及性、灵活性与创新性，移动广告在接触消费者方面具有较强的精准性和互动性。因此，房地产企业可以考虑做移动广告推广，并推出形式多样的移动广告来吸引消费者，如通过先进的制作技术，可以在 banner 上呈现各种互动效果，又如手指滑动和摇晃手机等互动形式，都可以增加用户对广告的兴趣。

房地产企业可以根据自身运营的特点和经费预算情况，推出企业 App。App 的开发要注意内容优质化、界面美观实用、功能多样和便利性。例如，App 中可以设置记忆功能，自动记录阅读进度；设置提醒功能，提醒用户信息更新情况；设置界面文字调整功能，方便读者选择不同背景和字号大小；等等。同时还要注意做好企业 App 的推广。可以采用以下几种推广方式之一或者结合：a. 打入 App Store 排行榜。首先要保证自身开发的 App 是优秀的应用程序，其次要关注下载量。限时免费、广告投放、找公关公司等方式都可以促进下载量的增加，也有助于上榜。b. PPC 广告、PPI 广告。App 广告主要有 PPC 广告、PPI 广告两种形式，前者按照用户的点击次数来收费，后者按照每安装一次的费用来收费。c. 代理发行。将 App 发行工作全权交给代理商来做。前提是产品本身具有良好的质量。d. 通过社交网络推广。将 App 信息分享到社交网络平台，如微信、人人网、微博等，提升关注率与转发率。e. 传统互联网广告。到门户网站或者其他网站上发布 App 广告。f. 找公关公司推广。通过软文等形式获得媒体曝光，从而推广 App。g. 交叉推广。把相关的软件放在一起相互推广。h. 联合运营。与其他互联网公司联合运营，共同推广 App 产品。i. IT 端的硬广。

房地产企业也可以借助小程序来进行营销推广。小程序可以连接线上和线下营销，线上打通微信个人号、公众号、朋友圈、微信群；线下支持小程序码、微信支付等。附近的小程序功能可以免费将商家的小程序推送到方圆 5 公里的潜在用户，小程序还可插入公众号、分享到聊天，配合营销插件可轻松实现裂变。小程序可以帮助内部置业顾问进行客户管理、案场管理，同时可以针对外部客户进行业务推广。房产业务推广时运用的小程序，应该能实现以下功能：通过识别特定的二维码实现到访客户自助签到、潜在客户管理、客户看房、算价、开盘、收房交付、媒介监督工具、客服交流工具等。企业可以开展房源秒杀、尾盘促销、线上发放电子礼品卡、积分兑换优惠券、最美装修评选等活动进行营销。小程序最好加入客服系统，有利于更快地解决用户的问题。线下二维码是小程序的核心入口，用户扫一扫即可打开应用，无须安装卸载。点击公众号自定义菜单栏也可以打开小程序。房地产企业可以在公众号文章的开始或结尾附上小程序、在公众号的推文中直接嵌入业务推广文字或图片链接，引导消费者下单或者实现开拓新客户。有趣的、好奇的、红包特质的小程序容易勾起人们的转发欲望，从而获得很好的传播效果，实现短时间的大量用户增长，如在小程序中插入有趣的房产宣传视频等，让优质有特色的房产宣传内容获得更多的浏览量，给它们更多曝光的机会。

G. 微电影营销

微电影营销是在社会化的媒体形式、移动化的终端渠道和内容制胜的时代大背景下产生的。房地产企业首先要考虑自身提供的业务或服务是否适合做和如何做微电影营销。在“一带一路”沿线国家做房地产网络营销时，一定要认真分析目标市场的网民特征。2019年，全球网民呈现出年轻化趋势，因此，广告主一定要结合目标市场网民的实际情况，找准目标受众，选择符合该类受众口味的微电影营销方式。在微电影营销策略选择上，房地产企业可以考虑采用娱乐营销、情感营销、网络口碑营销、明星营销等策略。娱乐营销一般是将娱乐元素注入微电影的故事情节，与顾客建立联系，以达到产品促销和品牌形象宣传的目的。常见的情感营销是将所宣传的产品或服务形象植入故事情节中，所策划的情感故事要能深刻触动消费者的内心，以期达到与消费者在消费层面的共鸣。房地产企业在采用网络口碑营销时，要注意挖掘有影响力的受众，促使其自发评论、分享、转发，利用人际传播机制达到企业自身营销目的。

在运用微电影营销策略时，要注意以下几点：a. 要注重艺术性与品牌调性的完美结合。在利用微电影进行广告营销时不能太过功利，太过商业化的内容往往会引发消费者的反感，造成广告主资金投入的浪费。广告主在拍摄微电影之前，一定要找到一个与品牌自身调性吻合的立足点，这样才能使其微电影在商业化的市场竞争蓝海中展现出良好的品牌形象。b. 进行大数据营销，实现微电影的精准投放。利用大数据寻找目标受众群，制作符合受众口味的微电影，实现广告的精准投放。大数据不仅为广告主提供了不同地域、不同族群、不同文化背景等受众群体的特征数据，还提供了该受众群的网络活跃度和活跃范围，使广告主能够在微电影的故事编排、情感诉求以及宣传包装等方面紧紧跟随目标受众群的需求点，实现资源的优化配置，提高广告的收益。c. 充分利用整合营销传播优势，打造立体传播网络。微电影营销可以整合新媒体时代下的各种工具和多种渠道，实现广告主营销的立体全方位推广传播，广告主可以将综合型的广告网络从PC平台向其他数字终端平台扩展，从而全面覆盖到各个接触点，进而打造出立体的微电影传播网络。

H. 虚拟游戏营销

截至2019年6月，我国网络游戏用户规模已达4.94亿，占网民整体的 57.8% 。房地产企业应根据品牌实力和影响力，选择适合的虚拟游戏营销方式。虚拟游戏营销的价值如下：a. 用户数量大，传播影响力强大。有巨大数量玩家的游戏可以在营销传播中扮演大众媒介的角色，任何一个游戏玩家都可以成为广告的受众，和传统广告媒体一样，受众的人数越多越好，因此，那些拥有较多活跃玩家的游戏的营销价值也较大。游戏具有特定的玩家人群，虚拟游戏的主体玩家是年龄在 15 ~ 30 岁的年轻人，这一人群正逐渐成为市场上消费的重要力量，他们的媒介接触习惯多是在互联网环境下培养起来的，对传统的电视、广播以及报纸等媒介的接触较少，因此传统的媒介难以到达，这一受众群体往往在游戏中花费大量时间。b. 和传统媒体不同的是，游戏本身的娱乐性和互动性很强。这一特征对虚拟游戏营销和用户的深度互动以及创意的传播非常有利。在本身交互性和娱乐性非常强的虚拟游戏中，营销者不仅可以单向地对用户展示产品的信息，还可以让用户体验产品的性能。c. 高黏合度，受众接触频率高。游戏本身的趣味性、刺激性非常强，能给玩家带来强烈的愉悦感受。游戏具有非常高的黏合度，玩家能够在相当长的一段时间内频繁地接触一款游戏，如《极品飞车》从 1995 年推出第一代开始，至今已历经 20 多年，仍然拥有大量玩家。游戏的这种高黏合度的特征，使得植入游戏的品牌可以用较少的营销投入长期的接触、影响玩家。

虚拟游戏营销主要有品牌定制和植入两种方式。房地产企业要正确处理好品牌信息和游戏体验的关系，明确游戏玩家和品牌的目标受众的重合程度，将品牌内容和游戏有机融合，保障玩家的游戏体验。品牌和游戏进行融合的形式可以考虑如下几种：a. 消费者在现实世界中消费产品后，可以到游戏中获取品牌定制的游戏道具和特殊奖励。b. 品牌以游戏道具、游戏奖励等形式出现在游戏中，同时游戏的道具可以让消费者到现实世界进行相关消费。c. 根据品牌营销的需要设计相关的游戏环节。植入和定制，这两种方式各有优缺点。植入游戏营销的方式方面，由于游戏原本的玩家较多、影响力较大，因此品牌一旦植入游戏就能够接触到数量庞大的受众，同时较容易获取较大的影响力；不足之处在于，品牌的营销活动要受到游戏运营商、游戏题材和内容等方面的诸多限制。品牌定制游戏的优点在于完全根据营销规划确定游戏的题材、内容、画面、游戏环节和类型，能够更好地为品牌传播服务；缺点是需要完全自主开发一款游戏，要想获取高影响力完全依赖于品牌自己对这款游戏的推广；此外，在费用方面，现在开发一款移动游戏并不需要多大的投入，但是推广费用可能会较高。知名度高的品牌一般采用自主开发的虚拟游戏进行营销，往往能够借助品牌已有的影响力来使这款游戏在短时间内获得较高的关注度。

房地产企业在运用虚拟游戏进行营销时，应根据自身品牌实力和影响力，选择适合的虚拟游戏营销方式。如果资金实力足够，可以选择那些用户基数较大、热门的网络游戏、社交游戏和移动游戏进行品牌营销。简单的小游戏一般适合短期的促销性质的营销活动，较为复杂、可玩性较强的游戏可以用来配合长期的品牌销售和品牌形象传播，同时，企业还要深入挖掘品牌、玩家和游戏三者的联系，要明确游戏玩家与品牌的目标受众的重合程度，游戏玩家非常特殊，如传统游戏的受众多为30岁以下的年轻人，并且男性玩家居多，各个游戏的玩家在年龄、性别、职业等方面有很大的不同，因此在选择游戏进行广告植入时，不仅要看游戏的玩家数量，更要重视游戏的玩家在性别、年龄、职业等方面的特征和构成，明确游戏受众和品牌消费者之间是否重合，重合度越高越好。

与传统的客户端游戏和网页游戏用户不同，移动游戏人群的年龄、结构及职业类型等的差异化都较为明显，游戏已经成为移动端常见的用户行为。品牌营销想要真正做到精准营销，需要进行更加精细的受众调查，对游戏的玩家进行精准分析。

I. 抖音营销

房地产企业可以考虑用抖音来做引流，用网站和线下门店来做成交或者维护老客户。房地产企业可以官方入驻抖音，利用抖音这一新兴社媒的力量，进行品牌宣传，带来更碎片化、更具视觉化、冲击力更强的品牌内容输出。在抖音平台的宣传内容上，可以上传一些内容质量好、定位精准的短视频。短视频内容常见的有：模仿类、自我才艺类、恶搞类、传授知识类、采访 + 交友类、生活类。模仿类视频如模仿明星说话、模仿明星走步、模仿某明星唱歌、跳舞等，可以打造一个案场网红，通过案场网红模仿录制小电影，录制地点可以选择在售楼处或者项目周边，达到广告植入的效果。自我才艺类视频可以展示售楼处团队或者个人的琴棋书画、跳舞、唱歌等才艺，吸引受众的关注度。恶搞类视频可以播放一些自编自导的搞笑短剧、各种“整蛊”行动等，并在视频中植入地产广告。传授知识类视频可以安排客户置业的专家以售楼处或者与项目、企业相关内容或区域为背景，向网友分享地产知识。“采访 + 交友”类可以录制售楼处人员拿着带有项目 LOGO 的话筒采访路人等视频，采访主题要具有特色。生活类视频主要展示日常生活、旅游、爬山等情景，引起消费者共鸣。通过抖音营销，增加地产项目曝光率、增加企业的市场知名度、增强品牌推广的效果。

J. 户外 LED 营销

户外 LED 具有到达率高、视觉冲击力强、发布时段长、千人成本低、城市覆盖率高、可以实现有效互动等特点。由于受众对户外媒体的关注度逐渐增加，很多房地产企业越来越偏好使用户外媒体，对户外媒体的关注度呈逐年升高趋势。房地产企业可以通过招商中心的 LED 显示屏、户外的 LED 巨幅广告和通过电视、网络以及城市中心各大商业区大型 LED 屏进行现场直播，进一步提升品牌知名度和消费者群体的忠诚度。

②传统营销方式和策略

在消费持续升级及购买力快速提升的背景下，营销模式与营销思维的创新成为房地产企业提升竞争力的关键。当前，房地产业同质化竞争与价格战泛滥，房地产企业应该进行品质化、个性化、精准化的营销，以用户为中心，不断优化用户体验，真正地吸引和留存用户。另外，企业应该注重获取各类数据资源，利用大数据分析技术进行数据处理，根据分析结果判断顾客的需求变化，不断完善客户服务，提升用户体验。下面从传统营销渠道角度来分析房地产企业的营销策略。

A. 人员推销

房地产公司应建立一支高素质、高技能的营销人员队伍，由这些营销人员进行房产推销，耐心地向客户介绍房产业务，根据公司的营销计划向潜在购买者赠送样品，给予一定优惠，并由这些人员开展营销宣传、市场调研等工作。对推销人员，公司采取“薪金分红”的混合奖励制，并以加薪、晋升等鼓励政策定期对推销人员进行考评和再培训。

B. 现场推广

房地产公司在目标市场城市举办项目推广活动，通过交流会、沙龙等活动进行楼盘促销；通过发宣传单、街边路演、赠送礼品等方式进行宣传；与合作商家进行合作，利用各自的人脉、渠道互相推广，达到互利共赢的局面。

C. 关系营销

在目标市场成立公司公关部，协助房地产公司各部门的工作，协调各方面关系。公关部协助营销部开展宣传工作，提高公司的知名度，并通过组织一些活动促使消费者改变购买习惯；与目标国家行业内企业深度合作，利用其当地的客户资源与人脉关系进行本企业房地产项目推广；与政府部门保持良好关系，以新的经营模式为重点，争取政府的大力支持，协助扩大市场份额；与各专业报刊媒体保持良好关系，树立企业良好的公众形象；举办各种大型节假日促销活动，协助营销部做好产品的宣传、促销工作，并建立客户档案，做好定期回访工作；与客户保持长期友好关系，建立忠实客户群。

D. 广告推广

对于新进入海外市场的房地产企业来说，广告推广尤为重要。在进入目标国家市场时，房地产企业应该有预算地从销售收入中提取一定比例作为广告费用。具体广告可以采取以下形式：在目标城市的部分报纸上，对企业的房地产项目进行宣传；在目标市场城市的一些交通路线上做单立柱广告来宣传；在车身上投放地产业务广告，车贴广告定期更换，内容全面，覆盖面广；借用楼宇广告向公众反复传递信息；参加大型房交会，扩大品牌知名度；由公司公关部组织促销会等活动，以及参加一些大型体育赛事活动的赞助等；做站牌灯箱广告，在房地产公司的线下广告展位留下公司的商务合作信息和促销信息。

在房地产行业竞争日益激烈的市场环境下，品牌强、质量好、充分满足客户需求的产品必将越来越多，产品或服务营销能否“出奇制胜”显得越来越重要。新媒体时代，房地产营销从市场定位到市场策略，都可以做加法。房地产企业要想找到自身营销与其他竞争对手企业营销的差异化，首先应分析用户，进行用户定位、用户痛点分析、寻找自身产品的核心价值；其次应找到适合的营销策略，并不断进行营销创新；营销策略制定后，要注意营销策略的执行力和执行绩效的实时管控；最后应进行营销效果总结和改进。

（4）选择合适的新媒体营销方法

企业应针对不同产品的特点，考虑在新媒体上进行病毒营销、情感营销、话题营销等方法的使用和结合。具体营销传播方式上，企业可以采取如借助 KOL（关键意见领袖）进行新媒体内容传播、围绕代言人线上线下持续炒热、跨界合作全包围传播等方法；也可以考虑推出云娱乐、云直播项目，推出一批 VR（虚拟现实技术）看房产品在网上传播，让人们远程即可领略不同户型、不同装修风格的房源特色。房地产企业可以充分运用 VR 技术，开展沉浸式体验型房产业务推广，增强与用户的互动性和体验营销效果。

（5）营销效果及创新能力评价体系的构建

对企业自主创新能力进行有效、系统的评价可以使企业认识到自身创新能力在建设和发展中的不足，引导企业加强自主创新管理，强化创新能力建设，提高企业核心竞争力。

9.3.4 建立营销决策支持系统

对于房地产企业来说，在跨国经营过程中，面对房地产服务市场，其开发出的房地产项目如何及时有效地推向市场，提高市场竞争力是非常重要的。房地产企业可以考虑开发或应用先进有效的营销决策支持系统，对房地产信息进行加工并做出迅速的投资分析和营销决策，以提高其竞争力。

决策支持系统（Decision Supporting System，DSS），是以管理科学、运筹学、控制论和行为科学为基础，以计算机技术、仿真技术和信息技术为手段，针对半结构化的决策问题，支持决策活动的具有智能作用的人机系统。它为决策者提供分析问题、建立模型、模拟决策过程和方案的环境，调用各种信息资源和分析工具，帮助决策者提高决策水平和质量。但现有的决策支持系统在开发和应用中存在不足：无法满足不同用户的需求；产品生命周期短，不能迎合企业发展需求。

建议房地产企业开发智能决策支持系统（Intelligent Decision System，IDSS）。IDSS 的核心思想是将人工智能技术的成果与其他相关学科及其技术相结合，使 DSS 具有人工智能的行为，能够充分利用人类的知识。

房地产企业所设计或应用的营销决策支持系统应该具有通用性、可扩展性、技术开放性和兼容性等现代决策支持系统的优势，并至少包括以下功能模块：

（1）数据层

该层系统实现数据采集、数据仓库、数据处理功能。数据库包括静态数据库和动态数据库，如企业资本、营销人员数量等发生变化较少的数据放入静态数据库，价格、库存等经常发生变化的数据则放入动态数据库。在数据采集环节，房地产企业可以利用大数据等技术对用户的行为，即用户的消费习惯和行为模式进行数据采集等。在数据处理环节，其应能实现对已经具有的数据进行计算处理，如网站上注册用户的年龄、性别、地区的分布，网站的独立访问人数、平均访问时长、平均访问深度等。

（2）后台处理层

对前台所传送的数据请求进行接收，按照要求将数据挖掘的结果反馈到前台。针对数据处理结果，给出决策方案，从而给房地产企业各级管理人员提供决策支持。

（3）前台服务层

前台服务会为用户提供人机交互界面。将用户的请求转化为指令传送到后台，并将后台反馈的结果以图表、文案等形式展示给用户，后台反馈的结果如网站页面调整建议、调整营销策略等建议。

企业开发营销决策支持系统后，应该进行可行性评估。功能上的可行性评估主要包括：所开发出的营销决策支持系统是否能满足企业营销所需、平台系统包含的模块是否齐全。同时，企业在开发营销决策支持系统时，应在前期充分的调研基础上作出合理的投资预算表。

第10章 结论与展望

10.1 主要结论

房地产业是我国国民经济支柱产业之一。当前我国房地产业正面临流动性不足、盈利水平下降、增长速度放缓等发展困境，亟须转型和创新业务模式。随着“一带一路”倡议的提出，中国房地产企业迎来了转型升级、实现国际化发展的良好契机。“一带一路”建设需要大量的基础设施建设和公共服务配套，也包括大量的产业园区和新型城镇建设。同时，“一带一路”沿线大多是新兴经济体和发展中国家，这些国家普遍处于经济发展的上升期，其中很多国家的发展程度低于中国，房地产市场也处于待开发的状态，消费潜力巨大，市场前景广阔。基于此，本书从“一带一路”倡议给我国房地产企业带来的发展机遇入手，对中国房地产企业在“一带一路”沿线国家实施国际化战略的问题进行了深入研究。主要研究结论是：

第一，“一带一路”沿线国家房地产市场需求空间大，投资前景广阔。

“一带一路”沿线大多数是发展中国家，房地产市场普遍处于初级状态，可提升空间很大。随着“一带一路”沿线国家和中国关系的不断改善，中国房地产企业在“一带一路”沿线国家进行房地产投资、开发和商业扩张的前景非常广阔。

第二，中国房地产企业国际化发展步伐加快，海外市场投资增长迅速，投资模式呈现多样化。

近年来，中国房地产企业对海外市场直接投资的房地产项目数量和投资额都呈现出迅速增长的趋势。北美、欧洲、澳大利亚、东南亚国家是中国房地产企业海外布局的主要目标市场。中国房地产企业海外投资主要集中在土地开发、商业地产和住宅的开发配置，进入海外市场的模式主要包括合资项目模式、与当地企业合资建立新公司进入模式、并购进入模式、独资开发项目的进入模式。合资项目进入模式可以使海外扩张的房地产企业更快适应当地市场，降低投资风险，与合作企业互相取长补短。首次进入海外市场时可选择合资项目模式，与当地的企业合作开发项目，如绿地、保利、万科、世茂、泰禾等。与当地企业合资建立新公司进入模式对新公司而言没有绝对的控股权，但这种模式可以降低投资风险，利用当地企业的销售渠道迅速适应环境，如碧桂园、新华联、雅居乐等房地产企业在首次进入海外市场时都采取了这种模式。并购进入模式、独资开发项目的进入模式风险都比较大，但有助于品牌形象建立，企业有绝对的控股权。

第三，中国房地产企业国际化进程呈现出渐进性特点，国际化经营中需要大量高端国际化专业人才。

目前大多数中国房地产企业在海外市场的扩张还处于初步进入阶段，少数中国房地产企业在海外市场的扩张已经达到稳步发展阶段。在进入海外市场时，很多房地产企业先选择风险较小的合资进入模式，针对的目标客户群体也是先选择渗透华人移民市场，再选择相对较难渗透的目标国本土消费者。从表面上看，房地产企业在海外市场的竞争是受众竞争、市场的竞争，但实际上是以专业人才为支撑的综合实力的竞争，说到底是人才的竞争，人才资源成为体现房地产企业竞争实力的重要资源。中国房地产企业在国际化经营过程中需要大量高端国际化专业人才，如复合型、国际型金融人才，复合型国际营销人才等。中国房地产企业应该紧密迎合开拓海外市场的人才需求，进一步对国际化专业人才的引进和培养给予足够的支持和重视。

第四，对中国房地产企业在“一带一路”沿线国家国际化运作的对策建议。

中国房地产企业在进入“一带一路”沿线国家进行跨国经营前，要充分做好市场调研和企业 SWOT 分析，进入模式的选择上要根据自身实力和国际化经验情况来决定。本书运用文献法、调查法、案例分析法等方法，对中国典型房地产企业海外扩张的现状及存在的问题进行了分析，提出了中国房地产企业在“一带一路”沿线国家实施国际化战略的对策建议。主要给出了海外市场的选择、盈利模式、投资策略、CIS 建设、人力资源管理策略、融资方式、品牌建设、国际营销战略及策略等方面的建议。

10.2 不足之处

本书研究分析了“一带一路”倡议给我国房地产企业带来的发展机遇，“一带一路”背景下中国房地产企业国际化发展的必要性及可行性，中国房地产行业发展现状及竞争格局，中国房地产企业国际化经营的现状、困境及竞争优势等方面，构建了中国房地产企业在“一带一路”沿线国家实施国际化战略的创新路径，为中国房地产企业在“一带一路”沿线市场的拓展提供了一定有价值的建议和可行有效的参考方案。但仍存在以下几点不足：

第一，由于“一带一路”沿线国家市场环境复杂，国际市场环境瞬息万变，在国际化扩张中的各种政治、经济、文化、技术风险问题很难定量化研究，因此，对国际化扩张中可能出现的各种风险的规避以及风险管理问题没有展开模式化研究。

第二，笔者影响中国房地产企业国际化市场进入模式的因素有很多，但有些因素对国际化市场进入模式的影响很难量化，本书仅从企业国际市场环境、国际化经验、企业自身实力等角度进行了研究，今后的研究可以对其他影响因素展开深入的研究。

10.3　未来研究方向

后续的研究将围绕以下三个问题展开：

第一，基于微观层面，选取更多“一带一路”沿线国家样本研究中国房地产企业海外扩张中的风险规避、风险管理问题，这将有利于我国房地产企业建立健全跨国经营运作机制，提升国际化运营中的风险管理能力，更好地提升海外扩张企业的国际运营效率和效果。

第二，笔者将进一步对中国房地产企业国际化市场进入模式的影响因素进行细化研究，扩充典型中国房地产企业的样本数据，并建立因素矩阵和数学模型，对影响国际化市场进入模式的因素进行分析、评价。

第三，笔者将进一步研究国际营销策略的创新。当前，新一代网络信息技术不断向数字化、网络化、智能化深入发展，世界经济数字化转型成为大势所趋。中国房地产企业在海外营销的过程中，也必须要紧密结合网络信息的前沿技术，不断进行营销方法的创新。未来的研究将进一步结合网络信息的前沿技术和网络环境不断升级的特点，分析房地产企业如何进行国际市场营销的方法创新。

参考文献

[1] Michael E. Porter. Competitive strategy [M]. New York: Simon & Schuster,2004.

[2] Liu, X., Buck, T. Innovation performance and channels for international technology spillovers: evidence from chinese high – ted industries[J]. Research Policy,2007(36):1329 – 1351.

[3] Akerlof, George A. The market for lemons quality uncertainty and the market mechanism[J]. The Quarterly Journal of Economics,1970,84(3):489.

[4] Fama, Eugene, French. Industry costs of equity[J]. Journal of Financial Economics,1996,43(2):156 – 193.

[5] Modigliani, Miller. The cost of capital, corporation finance, and the theory of investment [J]. American Economic Review,1958,48(3):290 – 297.

[6] Graham, Harvey. The theory and practice of corporate finance: evidence from the field [J]. Journal of Financial Economics,2001,60(2 – 3):240 – 242.

[7] Harris, Marston. The market risk premium: expectational estimates using analysts' forecasts [J]. Journal of Applied Finance,2001,11(1):14 – 15.

[8] Ryanpa, Ryangp. Capital budgeting practices of the fortune 1000: how have things changed [J]. Journal of Business and Management,2002,8(4):360 – 361.

[9] Shackman. The equity premium and market integration: evidence from international data [J]. Journal of International Financial Markets, Institutions and Money, 2006,16(2):160 – 169.

[10] Swieringa, Schauten. The payment method choice in dutch mergers and ac-

quisitions[M]. SSRN eLibrary,2007.

[11]Brown,Hiraki. Risk premia in international equity markets revisited [J]. Pacific – Basin Finance Journal,2009,17(3):295 – 297.

[12]Bruslerie. Acquisition bid price:is there an optimal cash – equity payment mix? [M]. SSRN eLibrary,2007.

[13]Denis,Osobov. Why do firms pay dividends? International evidence on the determinants of dividend policy [J]. Journal of Financial Economics, 2008 (89): 72 – 80.

[14]Shyam,Myers. Testing static tradeoff against pecking order models of capital structure[J]. Journal of Financial Economics,1999,51(2):230 – 232.

[15]Trigeorgis. Real options and interactions with financial flexibility [J]. The Journal of the Financial Management Association,1993,22(3):220 – 221.

[16] Williamson, Oliver. Corporate finance and corporate governance [J]. The Journal of Finance,1988,43(3):589 – 591.

[17] Schwartz. The valuation of warrants: implementing a new approach [J]. Journal of Financial Economics,1977,4(4):90 – 93.

[18]Myers. Determinants of corporate borrowing[J]. Journal of Financial Economics,1977,5(2):170 – 173.

[19]Pyle,David,Leland. Information asymmetries,financial structure,and financial intermediation[J]. Journal of Finance,1977,32(2):380 – 383.

[20]Rothschild,Mmichael,Stiglitz. Equilibrium in competitive insurance markets [J]. The Quarterly Journal of Economics,1976(90):630 – 635.

[21]Ross. The determination of financial structure:the incentive – signalling approach[J]. Bell Journal of Economics,1977,8(1):32 – 38.

[22]Jensen,Mechling. Theory of the firm:managerial behavior,agency costs and ownership structure[J]. Journal of Financial Economics,1976,3(4):355 – 358.

[23]Ciccone A. ,Hall R. E. Productivity and the density of economic activity [J]. American Economic Review,1996(86):56 – 68.

[24]Grossman G. M. and E. Helpman. Innovation and growth in the global econo-

my[M]. Cambride, Mass: The MIT Press, 1991.

[25]Blomstroem M. and Kokko A. Multinatioanl corporations and spillovers [J]. Journal of Economic Surveys, 1998, 12(3): 260 – 268.

[26]Weber A. Theory of the location of industries[M]. Chicago: Chicago Unversity Press, 1929.

[27]Isabela Maganha, Cristovao Silva, Luis Miguel D. F. Ferreira. An analysis of reconfigurability in different business production strategies[J]. IFAC Papers OnLine, 2019(13).

[28]凯文·凯利. 新经济,新规则 [M]. 北京:电子工业出版社,2015:4 –5.

[29]吴声. 场景革命:重构人与商业的连接 [M]. 北京:机械工业出版社,2015 :103.

[30]姜军. 肩负“走出去”使命的图书出版企业融合发展策略探究[J]. 科技传播,2016(2).

[31] 朱剑川. 保利地产财务分析[J]. 技术与市场,2010(12).

[32] 郑勇杰. 某房地产公司楼盘项目财务分析报告[J]. 中国房地产金融,2010(3).

[33] 王文平. 房地产企业财务分析管见[J]. 财会月刊,2010(1).

[34] 曾汉文. 浅论房地产企业的财务分析[J]. 当代经济,2009(11).

[35] 黄勇. 房地产企业财务管理之探究[J]. 中国乡镇企业会计,2013(11).

[36] 闫晗. 试论现代信息技术条件下新的营销体系[J]. 知识经济,2013(12).

[37] 仪根红. 网上消费者行为研究综述[J]. 现代营销(学苑版),2013(6).

[38] 潘洪亮. 数字传播时代“精准传播”研究初探[J]. 广告大观(理论版),2013(1).

[39] 聂慧. 中国商业银行财务危机预警机制研究[J]. 东方企业文化,2013(2).

[40] 金杰. 基于数据挖掘的精确营销实现过程[J]. 现代营销(学苑版),2012(12).

[41] 马东山,叶子荣,胡建中. 我国财政审计预警指标体系及指数的构建[J]. 现代财经(天津财经大学学报),2013(1).

[42] 温兴昌. 企业财务危机预警趋势研究[J]. 现代商业,2012(36).

[43] 雷振华. Logistic 模型的财务预警准确度检验研究[J]. 求索,2012(11).

[44] 张荣艳,章爱文,黄丝丝. 基于现金流量的房地产上市公司财务预警[J]. 财会月刊,2012(33).

[45] 李庆子. 国际市场营销中的跨文化障碍及应对策略——以华为为例[J]. 中国商论,2018(22).

[46] 黎清霞. 论文化环境对国际市场营销的影响[J]. 时代金融,2015(11).

[47] 周怡. 国际市场营销中细节文化差异应用研究[J]. 现代商业,2018(27).

[48] 梁传善. 经济全球化背景下的国际市场营销创新研究[J]. 现代经济信息,2016(17).

[49] 刘德春. 国际市场营销的七大策略[J]. 销售与市场(管理版),2014(4).

[50] 周晨. 论国际市场营销策略的发展与创新[J]. 知识经济,2013(24).

[51] 梁冰倩. 变国际贸易为国际市场营销[J]. 销售与市场(评论版),2011(8).

[52]王世定. 货币资金控制实务与案例分析[M]. 北京:经济科学出版社,2019.

[53]宋海峰. 出纳入门一点通[M]. 呼和浩特:内蒙古人民出版社,2019.

[54]周海彬. 审计实务[M]. 北京:高等教育出版社,2019.

[55]龙银州. 审计实务[M]. 北京:科学出版社,2018.

[56]王书力. 内部会计控制实务与案例[M]. 北京:中国物价出版社,2018.

[57]琼慧. 跟老会计学查账[M]. 上海:立信会计出版社,2018.

[58]王军辉. 企业内部会计控制方法与实务[M]. 北京:中国市场出版

社,2018.

[59]林品章. 财经理论与教学研究[M]. 福州:福建人民出版社,2018.

[60]王霞. 出纳技能实战[M]. 南京:江苏教育出版社,2018.

[61]徐明升. 出纳人员岗位实战宝典[M]. 北京:清华大学出版社,2017.

[62]邓一帆. 企业现金管理的问题探讨及对策[J]. 经济视野,2018(12).

[63]万怡. 我国企业库存现金管理问题研究[J]. 中国商贸,2017(7).

[64]顾丽. 企业现金管理相关问题研究[J]. 中国电子商务,2017(7).

[65]陈巧楠. 加强企业现金管理对策探讨[J]. 科技创新与应用,2017(12).

[66]薛明芳. 企业现金管理状况分析[J]. 会计师,2017(5).

[67]孙文婧. 绿地借壳盛高港股上市[J]. 上海国资,2013(6)

[68]霍达. 房地产企业的“双平台”战略——以绿地集团为例[J]. 财会月刊,2014(21).

[69]周洲. 绿地集团借壳成行巨型房企谁主沉浮[J]. 四川水泥,2014(4).

[70]平怡洁,季宇涵,刘慧婷,等.“营改增”政策对房地产企业的影响及应对措施[J]. 时代金融,2017(20).

[71]戴娟萍. 绿地集团借壳上市的决策动因探析[J]. 财务与会计,2015(22).

[72]刘静,宋平. 绿地集团财务状况分析[J]. 环渤海经济瞭望,2019(5).

[73]梁海明. 中国房企积极投身“一带一路”建设意义非凡[J]. 中国房地产,2017(17).

[74]齐婧.“一带一路”:新风口下房企发展新机遇[J]. 中国房地产,2017(17).

[75]刘慧,叶尔肯·吾扎提,王成龙.“一带一路”战略对中国国土开发空间格局的影响[J]. 地理科学进展,2015(5).

[76]安树伟.“一带一路”对我国区域经济发展的影响及格局重塑[J]. 经济问题,2015(4).

[77]王维安,贺聪. 房地产业与经济增长和金融风险[J]. 浙江经济,2004(20).

[78]吴国英．关于房地产业与经济的关系[J]．中国集体经济,2019(15)．

[79]辛杰．房地产业与国民经济协调发展研究[J]．中国建设信息化,2017(11)．

[80]王少璇,李朝林．房地产业对我国经济的重要影响浅析[J],农村经济与科技,2018(8)．

[81]于桂芝．房地产业对经济发展作用新探——以河北省为例[J]．中国高新区,2018(12)．

[82]何佩,张树梅．云南省经济与房地产业发展实证研究[J]．经济研究参考,2016(70)．

[83]黄丽丽．探讨新形势下房地产业与区域经济发展的关系[J]．中国集体经济,2016(21)．

[84]赵建斌．房地产业周期及其与宏观经济的关系研究——来自天津的经验证据[J]．经济界,2014(5)．

[85]张妍妍．论房地产业与国民经济发展的关系——以辽宁省为例[J]．价值工程,2015(7)．

[86]邵玉婷．中国宏观经济与房地产业发展研判[J]．科学咨询(科技·管理),2015(5)．

[87]林艳艳．中国资本市场的国际化战略思考[J]．中国商论,2020(1)．

[88]翟艳,黄解宇．中国房地产企业国际化战略研究——以万科集团为例[J]．山西农业大学学报(社会科学版),2014(12)．

[89]何喜有．解析我国企业海外房地产投资走势[J]．中国国情国力,2014(6)．

[90]孟繁瑜,庞墨涵．跨国房地产公司的投资规律与核心竞争力研究——以新加坡 CapitaLand 为例[J]．亚太经济,2011(1)．

[91]王芳,神克会．企业对外直接投资进入模式影响因素的实证研究——基于 A 股房地产企业的数据[J]．工程经济,2015(3)．

[92]熊秀云．关于我国房地产经济可持续发展战略的几点思考[J]．科技经济导刊,2019(14)．

[93]李树峰．刍议我国房地产经济的可持续发展[J]．经济师,2019(5)．

[94]邢方．房地产企业成本管控研究[J]．中国集体经济,2019(27).

[95]王静雅．基于供应链房地产企业成本控制研究[J]．农村经济与科技,2019(14).

[96]华勇．地产开发项目的流程化管理研究[J]．地产,2019(17).

[97]冯洋．浅析产业地产对开发商的机遇与挑战[J]．西部皮革,2019(1).

[98]李雪,宋君．战略柔性与企业绩效的关系研究综述——以环境不确定性为调节变量[J]．中国商论,2020(1).

[99]陈星．客户关系管理在企业市场营销中的价值探讨[J]．现代营销(信息版),2019(3).

[100]郭倩．大数据时代对企业市场营销的影响及企业市场营销提升策略研究[J]．中国管理信息化,2019(14).

[101]郭飞,吴秋生．战略差异与企业价值——基于盈余质量的中介效应检验[J]．财会月刊,2019(12).

[102]纪琳,王杰,王黎明．中国跨国公司国际化发展特点、问题与对策[J]．商业经济研究,2018(18).

[103]许晖,范雅楠,王琳．中国跨国企业海外子公司市场适应性演化研究[J]．管理学报,2017(12).

[104]邢飞．“一带一路”国家成海外地产投资新热点[N]．中国贸易报,2016-01-12.

[105]赵炎．国内大型房地产企业“走出去”战略进入模式研究[D]．郑州:郑州大学,2016.

[106]单佳宁．中国企业对欧美国家房地产业直接投资的策略分析[D]．沈阳:辽宁大学,2016.

[107]朱宁．宏观调控背景下的绿地集团地产公司营销战略研究[D]．长春:吉林大学,2013.

[108]杨继华．我国当前房地产企业融资问题研究[D]．济南:山东师范大学,2012.

[109]历娜．我国大中型城市房地产业运行判别与目标模式研究[D]．长春:吉林大学,2007.

[110]黄慧. 中国房地产业对外直接投资进入模式研究[D]. 武汉:武汉理工大学,2010.

[111]刘璐. 中国房地产企业对外直接投资的影响因素和策略研究[D]. 北京:首都经济贸易大学,2017.

[112]赵越春. 企业战略管理[M]. 北京:中国人民大学出版社,2019.

[113]蓝海林. 企业战略管理[M]. 北京:中国人民大学出版社,2018.

[114]邹昭晞. 企业战略管理[M]. 北京:中国人民大学出版社,2018.

[115]高洪深. 区域经济学[M]. 北京:中国人民大学出版社,2019.

[116]孙久文. 区域经济学前沿:21 世纪区域经济发展研究[M]. 北京:中国人民大学出版社,2016.

[117]戈登·沃克. 现代竞争战略[M]. 北京:中国人民大学出版社,2005.

[118]大卫·福克纳. 竞争战略[M]. 北京:中国人民大学出版社,1997.

[119]王珊. 房地产营销管理[M]. 北京:中国人民大学出版社,2017.

[120]吕萍. 房地产开发与经营[M]. 北京:中国人民大学出版社,2016.

[121]特伦斯·M. 克劳瑞特. 房地产金融:原理与实践[M]. 北京:中国人民大学出版社,2012.

[122]谭贤. 新媒体运营从入门到精通[M]. 北京:人民邮电出版社,2017.

[123]加里·维纳查克. 新媒体营销圣经[M]. 北京:北京联合出版公司,2016.

[124]胡碧昱,丁涵,李倩. 多维新媒体营销[M]. 北京:人民邮电出版社,2019.

[125]张向南. 新媒体营销案例分析:模式、平台与行业应用[M]. 北京:人民邮电出版社,2019.

[126]谭贤. 新媒体营销与运营实战从入门到精通[M]. 北京:人民邮电出版社,2019.

[127]余创. 新媒体之痛:走出企业运营困境[M]. 北京:电子工业出版社,2018.

[128]沈帅波. 迭代:新商业,新媒体与逆袭之路[M]. 北京:电子工业出版社,2018.

[129]潘瑞芳,徐芝琦,张宝军. 数据库技术与实战——大数据浅析与新媒体应用[M]. 北京:电子工业出版社,2018.

[130]仇勇. 新媒体革命2.0:算法时代的媒介、公关与传播[M]. 北京:电子工业出版社,2018.

[131]于雷霆. 引爆直播:重构营销模式的七个关键法则[M]. 北京:电子工业出版社,2017.

[132]刘向东. 一本书读懂虚拟现实[M]. 北京:清华大学出版社,2017.

[133]刘伟. H5移动营销:活动策划+设计制作+运营推广+应用案例[M]. 北京:清华大学出版社,2019.

[134]华红兵. 移动营销管理[M]. 北京:清华大学出版社,2020.

[135]陈永东. 赢在新媒体思维:内容、产品、市场及管理的革命[M]. 北京:人民邮电出版社,2016.

[136]刘德英,吴利红,邱红. 房地产开发企业会计[M]. 北京:清华大学出版社,2019.

[137]董藩,丁宏,陶斐斐. 房地产经济学[M]. 北京:清华大学出版社,2017.

[138]李英,赵相伟,杨世寨. 房地产管理学[M]. 北京:清华大学出版社,2017.

[139]金昊,赵鉴. 房地产开发与经营[M]. 北京:清华大学出版社,2017.

索 引

后　记

云淡风轻浅，远山尽叠翠。书香浓郁的西译校园培育了一批又一批优秀的西译学子。站在美丽的西译校园里，我遥望着远方的翠华山，手余书香，感慨万千。经过无数个日夜的奋斗和努力，这本书终于到了收稿阶段。十余年来，我一直致力于市场营销、企业管理方面的研究，在此领域的不断探索也逐渐形成了些许成果。通过本书的撰写，将部分观点写出来，跟大家一起探讨和共勉。

本书在写作过程中得到了多位专家、老师的帮助和指点。特别感谢学校领导的大力支持，感谢科技处梁明教授、王利晓副教授，商学院刘俊霞教授、王柏林教授的指导，王雅楠、赵静、和西芳、刘红等老师也给予了许多帮助。同时，特别感谢中国经济出版社贺静、杨元丽等编辑的指导和帮助，她们一次次严谨、认真的修改让我对所研究问题有了更深的认识，这些经验和认知会为我以后的科研工作带去新的提升。在此一并表示衷心的感谢。

家人是我前行中奋斗的动力和永远的支持。在本书的写作过程中，我的家人给予了我极大的理解和支持，他们的鼓励、支持让我有了更多的时间能潜心于书稿的写作，在此，特别感谢我的家人！

由于所掌握的研究资料有限，"一带一路"背景下中国房地产企业国际化战略研究仍存在一些不足。后续的研究将基于微观层面，选取更多"一带一路"沿线国家样本研究中国房地产企业海外扩张中的风险规避、风险管理问题，并进一步对影响中国房地产企业国际化市场进入模式的影响因素进行细化研究，对国际营销策略的创新也将展开更深入的研究。对研究中可能存在的一些值得商榷的地方，恳请众位专家、学者们多多批评指正，在此表示深深的感谢！

时光荏苒，岁月如梭。让我们永怀初心，脚踏实地，砥砺前行。

黄春丽

2020 年 6 月于西安